有条理的孩子更成功

The Organized Child

An Effective Program to Maximize Your Kid's Potential—in School and in Life

如何让孩子学会整理物品、管理时间和制订计划

[美] 理查德·加拉格尔（Richard Gallagher）
伊莱娜·G. 斯派拉（Elana G. Spira）
珍妮弗·L. 罗森布拉特（Jennifer L. Rosenblatt）著
王正林 译

图书在版编目（CIP）数据

有条理的孩子更成功：如何让孩子学会整理物品、管理时间和制订计划 /（美）理查德·加拉格尔（Richard Gallagher），（美）伊莱娜·G. 斯派拉（Elana G. Spira），（美）珍妮弗·L. 罗森布拉特（Jennifer L. Rosenblatt）著；王正林译. —北京：机械工业出版社，2020.6（2024.6 重印）

书名原文：The Organized Child: An Effective Program to Maximize Your Kid's Potential—in School and in Life

ISBN 978-7-111-65707-1

I. 有… II. ①理… ②伊… ③珍… ④王… III. 自我管理–青少年读物 IV. C912.1-49

中国版本图书馆 CIP 数据核字（2020）第 089448 号

北京市版权局著作权合同登记　图字：01-2019-2302 号。

Richard Gallagher, Elana G. Spira, Jennifer L. Rosenblatt. The Organized Child: An Effective Program to Maximize Your Kid's Potential—in School and in Life.

Copyright © 2018 by The Guilford Press.

Chinese (Simplified Characters only) Trade Paperback Copyright © 2020 by China Machine Press.

This edition arranged with The Guilford Press through BIG APPLE AGENCY. This edition is authorized for sale in the Chinese mainland (excluding Hong Kong SAR, Macao SAR and Taiwan).

No part of this book may be reproduced or transmitted in any form or by any means, electronic or mechanical, including photocopying, recording or any information storage and retrieval system, without permission, in writing, from the publisher.

All rights reserved.

本书中文简体字版由 The Guilford Press 通过 BIG APPLE AGENCY 授权机械工业出版社中国大陆地区（不包括香港、澳门特别行政区及台湾地区）独家出版发行。未经出版者书面许可，不得以任何方式抄袭、复制或节录本书中的任何部分。

有条理的孩子更成功
如何让孩子学会整理物品、管理时间和制订计划

出版发行：机械工业出版社（北京市西城区百万庄大街 22 号　邮政编码：100037）
责任编辑：朱婧琬　　　　　　　　　　　　　　责任校对：殷　虹
印　　刷：固安县铭成印刷有限公司　　　　　　版　　次：2024 年 6 月第 1 版第 5 次印刷
开　　本：170mm×230mm　1/16　　　　　　　印　　张：13.25
书　　号：ISBN 978-7-111-65707-1　　　　　　定　　价：59.00 元

客服电话：（010）88361066　68326294

版权所有·侵权必究
封底无防伪标均为盗版

The Organized Child

前言

如果你买了本书，那么很可能我们不必再向你强调保持整洁有序的技能对孩子学业成功（以及对你的家庭和谐）而言的重要性了。你也许曾经和孩子一起熬夜，不无惶恐地试图用几个小时写完本需要花一个月时间来写的报告，到最后好不容易才写完。你可能曾经在关灯后来到大门紧锁的学校，希望门卫能通融一下，让你进去，到孩子的教室里拿一本他忘记拿回家却必不可少的书。此外，每个晚上你都需要向孩子同学的父母发短信，询问当天的家庭作业是什么，而你早已厌倦了这样做。你也许买了一些新的整理工具，尝试着向孩子传授保持整洁有序的新方法，也可能为无序的生活和学习安排责备过他，但这些全都无济于事。你开始感到挫败，并且在孩子面前唠唠叨叨，而你以前从未想过成为这样的父母。你感觉糟透了。

那么，让我们咬咬牙，度过接下来可能让你感到更糟糕的几分钟吧。

（尽管这样，也不要把本书放下。现在请信任我们，我们保证，本书后面的所有内容，都只有一个目的：让你感觉更好！）

先来说个坏消息：上面描述的种种局面，也许不会自动好转。我们在十多年来的研究中，与很多难以保持整洁有序的孩子接触过，我们清楚地发现，这些孩子各不相同。对于大多数孩子，我们只需向他们传授几条简单的整理物品和制订计划的秘诀，同时找个人示范这些保持整洁有序的行为，他们就能学会这方面的技能了。然而，一少部分孩子在这方面存在真正的困难。在很大程度上，这和有的学生学习英语信手拈来，但在数学上需要帮助是一样的。后面这一少部分孩子，无法像他们的同伴那样轻松地获得保持整洁有序的技能。

再来说个更坏的消息：随着这些孩子升学，直到读大学并开始工作，难以保持整洁有序的问题有可能变得更严重、更明显。随着他们长大，人们对他们在整洁有序方面的要求和期望也与日俱增，不论他们想出怎样的应对方法，都可能收效甚微。

好了，现在让我们转而告诉你一个好消息吧，我们不会一味地沉浸在过去，而是会着眼向前看。在霍华德·阿比科夫（Howard Abikoff）博士和理查德·加拉格尔（Richard Gallagher）博士的指导下，我们参与了一个研究项目。该项目一直在试图弄清楚这些孩子到底需要哪种类型的帮助，以学习保持整洁有序的技能。我们找到了问题的答案，本书的目的就是和天下的父母分享这些答案。我们想帮助你变成孩子需要的保持整洁有序技能的培训教练。

和市面上许多整理课程不同，本书深深扎根于严谨的科学之中。它基于纽约大学朗格尼医学中心的儿童研究中心创立的整理技能训练（Organizational Skills Training, OST）计划，完成了迄今为止世界上最大规模的关于整理技能不足的研究。这些研究聚焦于患有注意缺陷多动障碍的孩子，他们常常在保持整洁有序方面面临最严重的挑战。通过密切而反复的观察，我们确定了大量的原则（在一般情况下，这些原则不仅是学校中进行整理技能教学的一部分，而且对难以保持整洁有序的孩子来说格外适用）。本书的通篇内容一直都在体现以下几条原则。

1. **不再指责**。我们认为，孩子在保持整洁有序的技能方面面临的挑战，实际上是真正的技能不足，而不是懒惰或缺乏学生品德的表现。我们将这些问题"外在化"，认为由于我们称为"小捣蛋鬼"（Glitch）的一系列角色在捣鬼，所以孩子才会难以保持整洁有序（在后面的内容中，你将更多地了解小捣蛋鬼）。采用本书提供的框架，有助于激励孩子，使父母、老师与孩子的交流变得更加积极而富有建设性。

  2. 将长期回报转变成短期奖励。在保持整洁有序的技能上存在不足的孩子通常有这样一种思考和行为模式：他们更喜欢短期奖励，而对长期回报不感兴趣。我们充分利用这一点，对他们整洁有序的行为给予短期奖励（例如，假若孩子某天正确地记录了当天的家庭作业，就奖给他1个积分），而不是只让他们收获长期回报（比如，由于孩子把所有家庭作业都做好了，交给了老师，所以到了学期末，他将获得好成绩）。

  3. 一次采取一个步骤。我们意识到，保持整洁有序，需要大量的"微技能"（从收拾好各种纸张，到为长时作业⊖做好计划），即使孩子在某方面取得了进步，我们通常也会把大部分注意力投向他最近失败的方面。我们可以一次只向孩子传授一种技能，并且着重表扬和鼓励孩子运用这种技能，不管他在我们还没有下功夫解决的其他方面做得怎么样。

  4. 为这些孩子提供管用的方法。尽管整洁有序的孩子也许能很好地使用活页夹中那些复杂的颜色分区，但本书着重介绍了研究已经证明的对难以保持整洁有序的孩子来说有效的工具和固定程序。这些工具和程序通常快速有效、简单明了、易于使用。

  5. 练习。对其他孩子来说，你只需向他介绍一遍某个保持整洁有序的固定程序，但整理技能不足的孩子需要进行反复练习，这也是我们的整理技能训练计划中的一个基本组成部分。

  整理技能训练计划基于以上这些原则，参与过的学生在很多方面都取得了明显的进步。根据父母和老师的评价，这些学生在整理物品、管理时间和制订计划等方面的能力显著增强，在家庭作业上的问题减少了，学习效率和学业成绩都提高了。除了这些，还有另一个明显的好处，读过本书的人可能不会感到惊讶：伴随着孩子的这些进步，家庭冲突往往也大为

⊖ long-term assignment，指那些需要花较长时间（如一个学期）才能完成的作业或学习任务。——译者注

减少。在为专业人士所写的《针对注意缺陷多动障碍儿童的整理技能训练》（*Organizational Skills Training for Children with ADHD*）一书中，我们详尽描述了整理技能训练计划及其背后的研究，而本书中的某些表格和内容，也以那本书中的表格和内容为基础。

本书为父母而写，旨在教会他们如何带领孩子学习和了解这项干预措施的各个基本组成部分。本书主要针对7～13岁孩子的父母，因为我们发现，在孩子年幼时向他们传授保持整洁有序的技能并防止坏习惯在他们内心根深蒂固，这一点尤为重要。但你可能看到，对于那些以小学年龄段的年幼孩子为对象的教学与讲授，即将进入青春期的孩子会反应冷淡。于是，我们修订了本书中介绍的一些方法，使之更适合年龄大些的孩子。同时，我们还将介绍如何以更成熟和更具合作性的方式运用书中的策略与技巧。虽然我们的研究主要针对患有注意缺陷多动障碍的儿童，但我们在临床研究中发现，这些方法对那些由于诸多原因而难以保持整洁有序的学生也很有效。

本书分为四个部分，我们建议，在你和孩子开始"整理技能训练计划"之前，最好是按顺序阅读。第一部分的内容将帮助你更好地理解孩子的整理技能有哪些不足、为什么会出现这样的不足，以及存在这种不足的孩子为什么需要某种有针对性的帮助（没错，我们知道，这个部分听起来完全可以跳过，但我们强烈建议你别这样做。因为只有知道孩子为什么表现出各种杂乱无章的行为，才能帮助你高效率地引导他执行该计划）。第二部分提供了所有的背景信息，描述了你在执行这个计划之前需要做好的所有准备工作。在这一部分中，我们将向你介绍一些重要的监测和激励工具，它们是整理技能训练计划不可或缺的组成部分。该计划的核心从第三部分开始，在这一部分中，你将找到指明步骤先后顺序的指南，帮助孩子培养有效保持整洁有序的技能，养成井井有条的习惯，这既有利于他们完成学校的作业和任务，也有益于他们在家里收拾和整理。你将用到一本计划簿，可以用我们提供的表格来制作，也可以自己制作。第四部分向你展示如何将保持整洁有序的技能拓展应用到你和孩子可能面临的与学校无关的任务之中，帮助你和孩子完成整洁有序方面的挑战。

　　整本书为你和孩子设定了大量的任务，需要你们逐一完成。然而，我们在这里向你们提供的方法，不同于你们以往尝试过的方法。虽然这个计划不能保证迅速解决孩子的问题，但这些新方法经过专门的设计，适合难以保持整洁有序的孩子的大脑，而且有科学依据。它们帮助那些"毫无希望"的杂乱无章的孩子变得高效而独立，并且有助于那些在高压之下生活的家庭找到一种全新的平和。因此我们希望，当你和孩子开始直面这一全新的挑战时，你们的感觉会稍稍乐观一些。

The Organized Child
目录

前言

1 第一部分
理解孩子的凌乱不堪

第 1 章　整理以及孩子自身的整理技能　│　002
第 2 章　帮助孩子学会整理技能　│　016
第 3 章　发现孩子在保持整洁有序方面的优势与劣势　│　025

2 第二部分
为改变打下基础

第 4 章　技能培养计划概述　│　046
第 5 章　用提示、监测、表扬、奖励来激励孩子　│　052
第 6 章　建立家校联系　│　076

3 第三部分
针对学校任务的保持整洁有序的技能

第 7 章　记录作业内容　│　095
第 8 章　整理学校的物品　│　113

第 9 章　作业的时间管理　│　*133*

第 10 章　为长时作业与考试制订计划　│　*149*

第四部分

准备好最后的"拼图"

第 11 章　在家里控制小捣蛋鬼　│　*167*

第 12 章　让保持整洁有序的技能成为日常生活的一部分　│　*183*

第 13 章　当孩子需要额外的帮助时　│　*190*

附录　制作你自己的计划簿　│　*199*

> 读者可在 course.cmpreading.com 上搜索本书书名,从相关链接中下载部分表格的电子版。

/ 第一部分 /
理解孩子的凌乱不堪

第 1 章
整理以及孩子自身的整理技能

从孩子呱呱坠地那一刻起,他便享有众多福利,其中一项是免费使用一位全职"行政助理",而这位行政助理,就是身为父母的你。你会整理他的玩具,管理他的社交日程,按时带他到医生那里检查身体或注射疫苗,并且确保他总是拥有自己需要的任何东西。随着孩子进入幼儿园,人们开始对他寄予一些小小的期望,希望他能运用保持整洁有序的技能,比如上学前留出时间穿好鞋子,或者搭积木时先从整体上进行一番思考,预先计划,做好了这一步,他便可以为搭建最新的得意之作收集所有乐高积木块了。但在很大程度上,作为他的父母,你的角色依然没有改变。

假如你正在阅读本书,可能你扮演的孩子行政助理的角色还是会保持不变(或者即使角色有所改变,改变的程度也不如你期望的那么大)。但不同的是,随着孩子长大,人们对他学习和提升那些保持整洁有序的技能寄予了更大期望,希望他能使用自己大脑中的"行政助理",而不是一味依赖那位在厨房里抬高嗓门提醒他的行政助理,也就是你。孩子的同学在回应别人的每一项要求时正慢慢变得越来越独立,而你的孩子会开始远远落后于他们。你变得更加担心,感受到更大的挫败,也更加确信他一定在某些方面有别于其他孩子。

我们三位作者都已为人父母,对那些担心和失败的感觉有着切身的体会。但作为临床心理学家,激起我们兴趣的是上面提到的第三种反应,也就是认为自己的孩子在发育上有别于其他孩子的想法。我们与在纽约大学朗格尼医学中心的儿童研究中心工作的同事经常遇到一些在很多方面大同小异的孩子。他们忘记抄下作业,找不到作文、外套和饭盒,要花好几个小时才能完成家庭作业，并且会把一些长时作业留到最后一刻去处理。其实，他们在学习能力上与同伴没有任何差别（事实上，在我们的实践中发现，有些甚至是我们见过的最聪明的孩子），不过，他们的成绩通常与自身潜力不匹配。尽管有的人给许多这样的孩子贴上了"懒惰"或"缺乏学生品德"的标签，但他们显然不是这样的孩子。大部分这些孩子觉得，保持整洁有序、做到井井有条是一件难事，往往事倍而功半。一方面，作为临床心理医生，我们有责任帮助孩子变成"最好的自己"，希望找到合适的方法来支持这些学生以及他们的家庭；另一方面，作为研究人员，我们还想准确地了解这些困难到底是什么，为什么会出现，以及怎样研发最佳方法来巩固这些孩子保持整洁有序的技能。

因此，早在 15 年前，我们就开始在儿童研究中心设立整理技能训练研究计划，该计划由世界知名临床研究员霍华德·阿比科夫博士领导，阿比科夫博士在之前 30 年里一直研究注意力和行为控制问题。而且，我们每位作者都参与了整理技能训练研究计划的很多不同方面的工作，持续时间超过 15 年：理查德·加拉格尔博士是一位主要合作者，负责研究测量孩子保持整洁有序的技能的方法，制定本书中介绍的各种治疗方法（它们是本书形成的基础），并且培训一些治疗师来运用这些治疗方法；伊莱娜·G. 斯派拉（Elana G. Spira）博士担任研究试验中的临床教师，也是治疗师工作手册的共同执笔人；珍妮弗·L. 罗森布拉特（Jennifer L. Rosenblatt）博士则担负研究临床医生的任务，帮助修订和调整针对小学生的治疗方法，以供中学生使用。我们还花费了大量时间与儿童研究中心临床办公室中的儿童、青少年及其家人密切合作，运用从研究中获得的经验，帮助他们学习和提升整理物品、管理时间和制订计划的技能。

我们在本书中介绍了这些从我们多年的研究与临床工作成果中提炼、优化而来的经验，还稍稍多花了一些篇幅来探讨我们的整理技能训练计划的提升情况。但首先，让我们从多年前研究计划刚设立时开始：仔细观察我们知道的（以及不知道的）孩子整理技能的提升状况。

如何提升保持整洁有序的技能

孩子在上学前班时，主要承担孩子生活中整理任务的是你，但最起码不是只有你一个人这样。你可能同情那些在操场上等孩子的父母，他们要记得为孩子周四进行的演讲展示活动收拾书包，或者为孩子的假日派对四处寻找不含麸质、不含牛奶、不含坚果的纸杯蛋糕。这些事情令他们深感头疼。不过，在孩子的成长过程中，大人会期望孩子更多地担起自己的这些任务。随着孩子在学校里逐年升学，老师对他们开学第一天的教导可能是不一样的。

- **三年级时** "这一年，你们将在每周一上午拿到家庭作业清单。我们会把清单连同你们需要的所有讲义都放到你们带回家的资料夹中。我们还会用电子邮件通知你们的家长。"
- **五年级时** "这一年，我们将开始使用计划簿。你们要用计划簿把家庭作业、考试日期、学习任务的截止日期记录下来。今天我就教你们怎样使用计划簿，从现在开始，我每天都会告诉你们家庭作业是什么，并提醒你们把它记到计划簿中。"
- **七年级时**
  - 社会研究学老师："今天的作业是阅读第1章并回答本章最后的问题。每隔一天，我会把家庭作业写在黑板上的方框中。"
  - 数学老师："我会建立一个班级网站。你们每天都要登录网站，并从网站的'第3部分'中找到家庭作业。"

在家里，随着孩子独立性的增强，通常也会出现这种类似的现象。即使是生活最有条理的年幼孩子，在很多事情上也会依赖父母，比如靠父母精心安排与别的孩子一同玩耍的时间和课外活动时间，到医生那里体检或注射疫苗，完成学校规定的事务；收拾午餐盒和书包；在抽屉和衣柜中放好与季节相符的衣服，并且至少要适当地整理玩具。通常，假如没有得到成年人的明确指导和大量支持，七岁左右或者更小一些的幼童，即使其保持整洁有序的技能正遵循一般规律而逐渐提升，也不可能完全靠自己做好这些事情。例如，你通常可以让一个六岁的孩子养成把脏衣服收进洗衣篮的习惯（只有一个步骤的家务），但大多数六岁的孩子不可能独立完成睡觉前的一系列日常事务（如洗澡、把衣服收进洗衣篮、穿好睡衣、刷牙等）。不过，等孩子进入少年期和即将进入青春期，大多数这些事情就会开始由他们自己做。

这些日益增大的期望，加上大人逐渐减小的支持，是一个称为"支架式教学"（scaffolding）的基本教育概念的根本内容，这个概念基于发展心理学家利维·维果茨基（Lev Vygotsky）的研究成果。支架式教学指的是一种教学方法，在其中，当学生首次学习某项技能时，老师会提供强大的支持（类似于在建造新的建筑时起支撑作用的脚手架），然后，随着学生能够独立运用这些技能，老师会慢慢地减小支持。

关于"孩子保持整洁有序的技能通常怎样随着时间推移一步步提升"这个主题，教育界和心理学界几乎没有人进行过直接研究，但老师常常运用的支架式教学法的规律，给了我们很好的提示。在所有学校与课堂中，逐步增大的期望往往大同小异，而且老师们根据各自的经验，知道各个年级的绝大部分孩子能够自己做些什么。

在小学，老师通常开始期望孩子保持课桌整洁，合理运用学习时间，着手对学习任务的步骤做出计划并排序，以便顺利完成。学生通常负责在上学时带齐他们的书本和家庭作业，并且能够不至于拖延太长时间完成作业。小学生每天都要留意老师布置的家庭作业。此外，在这个阶段，老师一般会首次给学生布置那些长时作业，这些作业经过老师的精心安排，期望学生在几天时间内完成。

到了中学，老师减少了在整理物品和管理时间上"手把手教"的次数，常常希望学生只在一些简短的提醒下就能完成整理任务，同时要求学生兼顾完成难度越来越大的家庭作业和学习任务。

等到孩子进入高中，家庭和学校对其在保持整洁有序、做到井井有条这些方面的预期是近乎完全独立的。学生负责准备好手头需要的一切物品，了解他们的学习任务截止时间以及课程安排，提前做好长时作业和考试的计划，避免拖到最后一刻再匆匆完成。

在家里，孩子要和在校时一样，保持整洁有序技能的提升。按照正常速度逐步提升这种技能的孩子，要独立安排好自己的事情，比如为了参加足球练习，孩子要自己穿好运动衣和球鞋，自行坐到父母的车里，还要收拾水瓶、护腿板和足球，并独立做好热身运动。另外，孩子还要自己打电话给朋友，提前安排在朋友家过夜，并且事先看看有些什么好看的影视剧，以便约好和朋友一同看。

正如你们每个人都十分了解的那样，尽管这种模式可能是大多数孩子的成长模式，但并非所有孩子都千篇一律地这样成长。事实上，"所有孩子"的成长模式与这种模式到底有多大的差距，你了解后可能大感吃惊（也许还会松一口气）：我们的研究发现，15%～20%的孩子在整理物品、管理时间和制订计划等行为上有所欠缺。这是怎么回事？为什么这些孩子和别的孩子不同？

执行力：保持整洁有序的技能的"操作系统"

回想一下，你的孩子可能不需要身边大人的太多帮助便能十分轻松地学会的各种技能。也许他可以边听收音机边学唱歌，其他孩子则只能勉强唱好《玛丽有只小羊羔》（*Mary Had a Little Lamb*）；或者，也许他想出了怎样爬到攀吊架上，而别的孩子走起路来还跟跟跄跄；又或者，他能比同龄孩子更早地说一些完整的句子。不论哪种情况，他大脑的某个区域可能生来就拥有格外强大的功能，帮助他更加自然地提升那种技能。所有孩子在认知优势上有着不同的模式，同时也有一些相对的劣势，导致他们在提升技能时需要更大的支持。那些在保持整洁有序的技能上存在不足的孩子，最有可能存在的劣势是我们称为的"执行力"（executive functions）的问题。

执行力是一系列简单的和复杂的大脑活动的集合，我们运用它们来做以下事情。

- 根据来自周边环境中的提示，为我们的行动选择目标。
- 制订实现这些目标的计划。
- 执行这些计划，直到目标实现。

简单的目标可能像开灯那么简单，而实现这个目标的计划，也可以简单到起床、走到灯开关的位置，然后摁开关。或者，复杂的计划和目标也可能像下面这个例子这么复杂：想清楚怎样把一个孩子送去练习戏剧，把另一个孩子送到朋友家，仍然能按时参加单位的会议，会议结束后，给两个孩子带两份午餐，还要仔细考虑午餐中不能含有孩子们这个星期不想吃的任何食物。说得更确切些，当孩子记得查看黑板上的家庭作业、打扫自己的房间，或者为长时作业做好计划时，他的执行力就正在发挥作用。

科学家发现，执行力与人生和学业的成功紧密相关。执行力强大的孩子在社交行为、家庭关系、学业和事业等各个阶段上都具有优势。他们知道哪些任务是重要的（在下课前把一张重要的纸片收进相应的资料夹中，而不是一下课就冲到走廊里，以便把狄伦正在讲的那个有趣故事的结尾听完），知道如何为完成这些任务制订计划（每天晚上完成报告的一小部分，而不是只用一个通宵来疯狂地完成，使劲喝胡椒博士饮料），在遇到突如其来的挑战时能灵活应变（不清楚留了什么作业时打电话给朋友，而不是把作业丢在一边，转身去玩电子游戏），而且对自己需要完成的任务全神贯注（一气呵成完成家庭作业，而不是没做完作业，就开始去玩摇滚了）。

在研究界，精确地理解执行力的定义，仍是学者与研究人员感兴趣和没有达成共识的事情。对它的定义，我们还有许多不知道的地方。过去半个多世纪以来，科学家列举了一份包含可能的执行力的列表，同时围绕这个很长的列表展开争辩，但直到现在，他们还没有就这个列表中包含哪些执行力达成一致。不过，不论各方的立场如何，研究人员普遍接受的、与保持整洁有序的技能有明显相关的执行力有六种：注意力控制、克制、工作记忆、转变、制订计划和管理时间。表1-1描述了这六种执行力。

表1-1 与保持整洁有序的技能相关的执行力

执行力	定义	实践性反思
注意力控制	控制自己应当在什么时候把注意力集中在什么地方以及环境中的哪些要素之上	听大人说话，而不是只顾着看电视或听音乐；看着黑板上的板书，而不是盯着邻桌的同学；老师布置家庭作业时，将注意力集中在老师身上，而不是心里总想着和朋友一块玩
克制	为了支持一种更合适的行为，停止另一种近乎反射式的行为	先举手，等老师叫到自己时再回答问题，而不是把答案脱口而出；缓缓地读出一个词语，而不是根据它的前三个字母来表述；把书本收进书包，而不是加入同学们的聊天，大谈特谈最喜欢的电子游戏
工作记忆	在完成某项任务的另一个步骤时，把一些之前遇到的信息记在脑海中，然后再从记忆中搜索那些信息	在学习新词语时，记得该单词出现的句子的前半部分的意思；一边把铅笔盒收进书包，一边回想数学家庭作业需要做哪页练习题
转变	灵活地响应环境变化，以便出于环境改变而取消一系列行为，转而执行另一系列更恰当的行为	在前路不通时临时改变散步的方向；在老师要求回答某个问题时，把手头的写作作业先放下来，回答老师的问题；正在和他人交谈时，看到某张重要的纸片从课桌上掉落，暂时停止交谈，转而捡起纸片
制订计划	选择一个目标，确定达成该目标需要什么步骤，并且监控自己行为的效果，以观察是不是离目标更近一步了	确定如何完成某门课的家庭作业；为撰写读书报告制订一份计划
管理时间	知道不同的活动大约要花多长时间完成；紧紧盯住目标，以免浪费时间；调整自己的行为，以便与已知的日程安排一致	预计篮球练习要花多长时间并在合适的时间出发；早一点儿开始做家庭作业，以便留出时间吃晚饭和看某个喜欢的电视节目；将学校的一场展示活动分成若干个步骤，分好几天来完成，以免到时候急匆匆地赶工

所有这六种执行力似乎都会随着年龄的增长而提升，通常还会遵循可预测的顺序提升。注意力控制的能力最早出现，随后是克制，两者往往在学前时期和小学低年级变得成熟。工作记忆能力在小学阶段逐步提高，在

孩子进入青春期时继续提升，只是提升速度更趋缓慢。灵活转变行为的能力在童年晚期开始出现，青春期和成年时期继续提升。幼儿期时，我们不太容易理解制订计划和管理时间的能力，但两者在青春期和成年时期会变得更加准确。这种提升的模式，与我们在学校中见到的保持整洁有序技能提升的常见模式极为吻合：例如，随着学生工作记忆开始提升，老师对他们把作业记录下来的期望也越来越高；当学生开始更娴熟地掌握在不同任务中转换的能力时，便可以开始同时兼顾多门功课的作业；随着学生计划技能开始出现，老师将为他们引入更多的长时作业。

执行力的中枢：额叶

执行力的提升，全都是通过大脑中的一些发育过程来实现的。大脑中的一些重要区域相互之间产生新的连接，另一些没有用处的连接则会消失，随着大脑日渐成熟，有用连接的效能会进一步提升。大多数这种行为发生的位置叫"额叶"，即人脑与其他动物的大脑比较时显得最大的那个区域。神经系统科学家观察发现，在童年晚期、青春期和成年时期，一方面，左右额叶之间的连接越来越紧密；另一方面，额叶与另一些不可或缺的大脑区域的连接也日益紧密。这种日趋紧密的连接，与包括执行力在内的行为日渐成熟、智力逐步发育和社交能力不断提升等相关。执行力也与本书重点介绍的实际的整理物品、管理时间和制订计划这三种技能相关。

尽管我们可以描述一般的大脑发育过程，但每个孩子的大脑都是独一无二的。对于有些孩子来讲，这些连接可能不像其他孩子那样容易建立。

那么……你刚刚是不是告诉我说，我家孩子的大脑就是不具备保持学习和生活整洁有序的能力呢

不！我们告诉过你，孩子的大脑可能不会沿着典型路径来提升保持整

洁有序的技能，因此，我们通常在学校向孩子传授的整理物品、管理时间和制订计划技能的种种方法，也许不是特别适合他们。于是，我们要解决的问题变成了怎样以一种让这些孩子的大脑能够适应的方式来向他们传授这些技能。正是这个问题，催生了我们的研究。

到此刻为止，你已经在本书里了解了大量的科学知识。如果你有些困了，开始打盹儿，我们会把本章剩下的内容浓缩成一个缩略版送给你（我们测试过，这个缩略版是有用的），并且送给你一张正式的"通行证"，上面写着：直接跳到第2章。但是，假如你有兴趣了解我们在写作本书之前开展的研究的过程，或者如果你喜欢我们将向你介绍的一些数据（它们涉及我们将会请你着手完成的所有艰巨任务），那就继续读下去吧。

纽约大学的整理技能训练计划

如果你没有跳过这部分内容而直接进入第2章，说明你是个喜欢钻研数据的"书虫"，那就准备好，跟随我们来了解具体细节吧。

当你试图用一种科学的方法来解决某个问题时，你要做的第一件事是确保可以采用某种方法来测量或评定那个问题，否则就没办法衡量你的解决方案是否奏效。在15余年前，世界上还没有一种可靠而有效的测量整理功能的方法。因此，阿比科夫博士和加拉格尔博士着手创造了一种。

于是，儿童整理技能量表（Children's Organizational Skills Scales，COSS，Abikoff & Gallagher，2009）就此诞生。这是一组用纸和笔记录的指标，运用父母、老师和孩子的评分来确定孩子相对于普通学生在整理功能上是否落后。在完善这些指标的过程中，研究人员对近2000名父母、老师和孩子进行了调查。调查的主要目的是，确定这些指标是否能有效而且可靠地测量孩子在保持整洁有序方面存在的困难。从调查中收集的数据，还使我们能够深入观察在这方面存在的缺陷的特性。其中的一个特性是，这些缺陷往往被归入三个特定的功能范围中。出于本书的目的，我们将这三个功能范围描述如下。

1. 运用保持整洁有序的行为：积极地使用保持整洁有序的方法和工具，以便清楚地知晓作业，管理好重要物品（比如使用日历、记录家庭作业以及使用资料夹）。

2. 记忆消失和物品管理：忘记关于作业的重要信息、丢失重要物品，或者忘记把做家庭作业时需要的东西放进书包。

3. 制订任务计划的问题：不能及时完成作业，没有按时开展活动，不知道怎样开始、跟进或完成计划。

正如你在表 1-2 中看到的那样，这三个功能范围中的每一个都需要六种执行力中的几种。

表 1-2　将整理物品、管理时间和制订计划等技能与特定的执行力联系起来

整理技能	情形	需要的执行力
整理物品	**记录作业内容和整理物品** ● 记录作业 ● 使用日历 ● 使用清单 ● 收集、转交、保存纸张、书本和其他物品 ● 清理书房、课桌 ● 使用储物柜	● 注意力控制 ● 克制 ● 转变 ● 工作记忆
管理时间	**将活动融入日程安排表** ● 估计需要的时间 ● 回想与别人的约定和时间安排 ● 将活动融入日程安排表 ● 注意流逝的时间 ● 加快或放缓活动的步伐 ● 避免一些分心的事情对使用时间产生影响	● 注意力控制 ● 克制 ● 转变 ● 工作记忆 ● 计划的一些方面
制订计划	**制订计划并始终遵循，直到最后** ● 选择一个目标 ● 列出执行目标的步骤 ● 确定每个步骤需要什么物品和资源 ● 估计每个步骤要花多长时间 ● 将各步骤融入日程安排表 ● 根据早期的结果调整计划 ● 检查所有的步骤是否都已适当完成	● 注意力控制 ● 克制 ● 工作记忆 ● 转变 ● 管理时间 ● 制订计划 ● 元认知，或者是决定在执行计划时怎样运用某些思考技能（例如，解答这道数学题的时候，需要注意算得对不对）

对儿童整理技能量表的研究，还让我们更清晰地观察到这些在整理问题上存在困难的孩子往往更有可能是以下几种。

- 年幼的孩子。
- 男孩子。
- 具有学习障碍的孩子。
- 患有注意缺陷多动障碍的孩子。

制定干预措施

我们手头有了儿童整理技能量表，下一步便是考虑如何应对在量表上得分较低的孩子，并提高他们在量表上的得分。由于患有注意缺陷多动障碍的孩子存在整理缺陷的现象极为普遍，所以阿比科夫博士和加拉格尔博士重点关注了这个群体。他们运用临床智慧和过去一些研究中得出的经验（那些研究针对在一般的临床干预中有效的，特别是对患有注意缺陷多动障碍孩子的干预有效的要素）设计了一个训练计划，以便向孩子传授特定的技能，使之达到学习生活中最有可能面对的整理物品、管理时间和制订计划的要求。然后，两位博士开始尝试着运用该计划，并在回应学生、父母和老师的反馈时不断优化与调整，最后认定了几个要素，它们在理解学生如何学习并提升强大的保持整洁有序的技能时至关重要。

- 在保持整洁有序的技能上的缺陷，将阻碍一些日常要求的实现，这些日常要求被归入四个实际的范围：记录作业内容、整理物品、管理时间、为长时作业制订计划。
- 学生需要老师、父母以及其他成年人频繁地教导，也需要不停地实践，以取得进步（临床治疗最终一周进行两次）。

- 学生每次只学习一种保持整洁有序的技能，而且在熟练掌握正在学习的这种技能之前，不能转而学习下一种。
- 当支持学生的大人充满耐心、给予帮助且积极乐观时，学生能够更好地保持学习动力。
- 当整理问题被描述为外部挑战而非内部缺陷时，孩子会有更强的动机来改变。

最后这一点格外重要，值得稍微详细地阐述。太多时候，人们将孩子难以保持整洁有序的问题定义为性格缺陷，比如缺乏自觉性或动力。如果说我们的整理技能训练计划的早期试验获得了一个明确的结果，那么这个结果便是，这些问题并不是性格缺陷所致。即使是将这些信息内化于心的孩子对我们说"我就是懒"或者"我不想尝试"，但实际上，他们在生活中也比同伴明显更加努力地想要提高保持整洁有序的技能（但是失败了）。为了解决如此众多接受我们帮助的孩子提到的这种感觉——他们觉得自己一定是在某些地方"出问题了"，阿比科夫和加拉格尔两位博士考虑到了对类似于强迫症等问题的成功治疗方法。这些治疗方法将问题用人物角色来表示（例如"强迫症怪物"），将其描述为外部挑战。借用人物角色的方法，是整理技能训练计划最为新颖的一个特点：其中出现了一系列人物角色，例如智多星（是个好人形象，代表工作良好的额叶）和小捣蛋鬼（淘气的小动物，它们想方设法让孩子陷入麻烦，经常给孩子发出"别把它写下来，因为你会记得的"或者"你还有大量的时间，所以晚点儿再做也没关系"这样的信息）。我们将在第3章中更加详尽地介绍这些人物角色。

真相时刻：检验整理技能训练计划

经过多年的发展，阿比科夫和加拉格尔两位博士获得了美国国家精神健康研究所的一笔资金，用来开展一项旨在评估整理技能训练计划效果的研究，研究为期五年。他们招募了一些患有注意缺陷多动障碍和在保持整洁有序方面存在明显缺陷（由家长和老师在儿童整理技能量表上评定）的学生参加一个随机安排的受控制的实验。"随机安排"意味着学生被随机分配到治疗小组中：第一个小组接受整理技能训练；第二个小组接受一项替代治疗，该治疗着重训练家长在孩子提高保持整洁有序的技能时给予奖赏；第三个小组列入等待名单中，要等到评估期结束后再接受治疗。两位博士在治疗开始前先对学生进行评估，治疗结束一个月后再评估一次。为了观察治疗的效果是否会随着时间的推移而持续，在下个学年开学一个月后，研究会对学生进行评估，四个月后再评估一次。

和列入等待名单中的学生相比，归入前两个小组中的学生取得了明显进步，但是在某些特定的结果上，接受整理技能训练的小组中的孩子显示出比家长接受训练的小组中的孩子有更大的优势，同时，假如让家长在两个小组中选择，他们会更喜欢前一个小组。参加了整理技能训练计划的学生比列入等待名单中的学生在以下指标上的得分明显高得多。

- 整理物品、管理时间和制订计划（来自儿童整理技能量表）
- 在学校完成课堂作业
- 处理家庭冲突
- 在家里高效完成家庭作业
- 下个学年继续这样做

在大规模的实验结束后，两位博士实施了一些规模较小的训练计划，以便为中学生调整和检测试验的成果。本书介绍了原始整理技能训练计划的基本要素以及向中学生的延伸，还介绍了家长训练计划中一些最有效的策略。我们在为治疗师撰写的《针对患有注意缺陷多动障碍的儿童的整理技能训练》一书中描述了家长训练计划和基于该计划的研究，本书中的一些表格和内容也源于那本书。

我们将用一则好消息来结束本章：作为孩子的行政助理，是时候递交你在两周之内将会"辞职"的报告了。也就是说，在两周之内，你将不必再扮演这个角色了（也许比两周稍稍长一些，但不管怎样，等待的日子也屈指可数了）。现在，我们正着手为孩子招募并密集训练一位新的行政助理——他自己的大脑额叶中的那位。

第 2 章
帮助孩子学会整理技能

我们似乎在第1章中做出了太多的承诺，现在是时候承认这样一个事实了：将行政助理的工作从你身上转交到孩子身上，其实是个缓慢的、渐进的过程。此外，你还将在很大程度上参与这个过程——使孩子变得井然有序的任务，也许需要你付出更大的努力，不只是做好你当前为他做的那些事情。不过，这种（相对）短期投入，可以产生长期回报：孩子将变得更加自主和独立。

我们知道，这是很高的要求，因为你可能已经费了很大气力来使孩子学会保持整洁有序，这比你自己原本打算的费力得多，也比你身边的父母们费的气力大得多。如我们在第1章中讨论过的那样，随着孩子成长，他能够越发熟练地执行一些需要整理物品、管理时间和制订计划技能的复杂任务。但孩子渐渐长大后，他在这类任务上遇到的困难也可能变得愈加明显。太多的时候，你可能觉得，与其把这些任务转交给孩子，不如自己动手去做，反而更容易一些。这样一来，你就会非常习惯性地充当孩子的行政助理，并很难改掉这个习惯。在通常情况下，你已经太熟悉这些角色与习惯了（同时，你对自己和孩子之间围绕整理和收拾而发生的争斗依然记忆犹新），以至于要真正地踏上改变的旅程，可能需要从思想上来一次飞跃。

这个训练计划的目的是为你提供一种不同的方法来帮助孩子，这是因为，坦白地讲，假如传统方法在孩子身上奏效的话，你也许不会读这本书。尝试不同的方法，需要改变自己的心态，这很重要。在本章中，我们将向你介绍应对孩子杂乱无章习惯的一些新方法。

在你继续读下去之前，我们要先给出一个重要的提示：本章的意图是介绍这些概念。真正的行动计划将从第二部分开始介绍，在那里，我们将引领你逐步了解如何运用这些概念来执行该计划。因此，即使你现在有点儿迫不及待了，也不要用这一章中的内容来着手做出改变，要知道，你对这些改变尚未做好准备。我们保证，我们会带你到那一步的。

好了，我们就从下面这些开始吧。

1. 增大期望。首先，你也许需要不再像以前那样为孩子做很多事情。例如，若是孩子已经八岁，他应当能够每天傍晚自己挑选一种零食、把它包好，连同水瓶一起放进自己的书包里。同样，若是孩子今年九岁，他应当能够每天晚上把家庭作业放到正确的资料夹中，而不是把它们留在厨房的洗手台上，自己跑出去玩耍。如果孩子知道你会为他做这些事情，便不太可能尝试自己去做。在第三部分中，我们将引导你逐步确立对孩子的新期望。但是，倘若你发现自己在想，"我要跳过这项技能；我自己经常为他做这点小事，也很容易"，那你需要暂停一会儿，反思一下。不论是对你来说还是对孩子来说，培养孩子的独立性，都是一个有价值的目标。

2. 提供支持。随着孩子日渐长大，尽管你要开始慢慢增大对他的期望，但也不能一下子撤回所有的支持，或者以一种惩罚的方式不再帮他。还记得我们在第 1 章中讨论过的老师运用支架式教学法来教育学生吗？也就是说，在孩子需要支持的时候给予支持，然后逐步地、有计划地减小支持，直到最后完全不再支持。这种方法在家庭和学校同样管用。你可以让孩子知道，由于他渐渐长大，责任心越来越强，你相信他可以开始做一些以前一直由你包办的事情了，接下来，针对他可以完成的具体任务的步骤，把你目前的期望告诉他，让他知道，如果有需要，你随时可以帮他。例如，你可以对他说："每天晚上在你上楼睡觉前，从这个柜子里挑一种零食出来，并且把你的水瓶装满水，然后把它们一起放进你的书包。如果你拧不开水瓶的盖子，需要我的帮助，我很乐意帮你。"当孩子独立完成一件收拾物品的任务时，夸奖他承担了更大的责任。

3. 进行监测。孩子可能不会如你期望的那么迅速地学会这些新的日常事务。对有的孩子来讲，逐步增大期望、提供清晰提示并且适当地表扬，有助于他快速学会。不过，对在某种保持整洁有序的技能上更弱的孩子来说，你需要提供更加明确、更具指导性的教学，并且采用行为管理方法来激励他熟练掌握这种技能，特别是与学校相关的任务。如果孩子是这种情况，也不用担心：本书的第二部分至第四部分概述了一个计划，将帮助你和孩子共同变得更加整洁有序。

针对年龄稍大的孩子的秘诀

如果孩子已经上初中或高中，却仍然难以做到井井有条，你可能由于他在整理方面缺乏自理能力更加感到失败。我们完全可以理解你的这种挫败感，不过千万别让这种感觉主宰了你，让你对自己家青春期前或青春期的孩子产生失望。你可能不想再向他伸出援手，而是想让他亲身体会不把东西收好的后果，而且在某些情形中，这种"严厉的爱"也许确实奏效。例如，如果你家十一二岁的孩子每天早晨都忘记把平板电脑收进书包，你决定不再替他收拾，他到学校教室后，老师发现他忘带平板电脑，会给他一点教训，这样一来，将来他更有可能记得自己收好。然而，对于一些在保持整洁有序的技能上确实存在不足的年龄稍大的孩子，这种方法可能不会管用。对这些孩子来说，逼迫他们"要么沉到水底，要么学会游泳"，可能会事与愿违，因为他们就是没能学会怎样"游泳"，没有把游泳的动作概念深深记在心里。如果孩子属于这种类型，你确实要先教他游泳。对这样的孩子来讲，帮助他慢慢地改变，就必须遵循上面这三个步骤，逐步增强他的独立性。

记住：不论在何处，都需要执行力

想一想下面这个情景（也许比想象的更常发生在你家里）：一天晚上，

你把你家八岁的孩子送到床上睡觉,提醒他记得第二天要在学校参加乐队练习,应该把长笛带上。第二天上午大约10:00,你接到儿子从学校打来的电话,原来他忘了带长笛,央求你给他送去。你原本就想到他很难记得带上长笛,所以提醒了他一下。那么,为什么提醒了还不够呢?

在你着手实施整理技能训练时,重要的是要经常想着那些可能令孩子"绊倒"的看不见的执行力"缺口",即使你让孩子完成的任务看起来也许很容易。对难以保持整洁有序的孩子来讲,并不是只有口头提醒就够了,如果口头提醒不是即时的,会更加不管用。对这个例子中的男孩来说,他要记得带上长笛,就不得不运用强大的工作记忆技能:他必须整个晚上都把你的口头提醒牢记在心,第二天早晨想起你的提醒,然后运用那些信息激发具体的行为(把长笛放进书包)。对于能够有效运用工作记忆的成年人来说,这些步骤可能很简单,但对于执行力不足的孩子来说,是难以置信的复杂。对于这些孩子,仅仅告诉他们要做某件事情,远远不够。

对孩子来说,改变行为是件难事

孩子可能发现,自己忘了带齐重要的物品或者忘了上交作业,并不是一种恰当的行为。尽管如此,他也许不知道怎样采取必要的行动来整理物品,因为他的执行力仍在提升(见第1章)。孩子需要花时间,也需要你额外的支持,才能学会在某个日常事务中持续不断地运用新的整理方法。你也许以为,每天晚上做完家庭作业后把书本收进书包,真的是一个简单的步骤,但如果没有人提醒,孩子也许难以记住这个步骤。此外,大部分孩子很难理解他们的行为产生的长期后果。孩子们看到的结果可能只是自己书包里没装什么书本,或者铅笔盒里缺了几样东西。而你看到的结果是,假如孩子经常不交作业,成绩就会下降,或者当他没有把必要的文具带到学校时,就会出现一些问题。确实,孩子可能真的难以从心理上将自己的短期行为与长期后果联系起来。

保持整洁有序，并不是一种在孩子（或大人）身上自然浮现的天生才能。这些技能必须首先靠人们传授，然后经过练习，最后才能变成自动的习惯，这与孩子必须先学会弄懂词语的意思或将数字相加，才可能熟练掌握阅读或数学，是一样的道理。孩子也许并不容易学会整理物品必须具备的基本技能，这也与有些孩子更难理解为什么 10 − 2 = 8 是同样的道理。如果你对一个学不好数学的孩子说，"再刻苦一些"，或者当孩子无法完成他没有弄懂的数学作业时备感失败或惩罚他，他不可能学得更好些。同样，当孩子确实难以收拾好自己的东西时，他需要有机会学习和训练各个必需的步骤，以便最终变得整洁有序，同时也需要你在他努力掌握这项对他而言难度大的新技能时给予支持。

一个教与做并行的计划

出于这些原因，本书中概括的计划，不是一个只从口头上教的计划；它是一个教与做并行的计划。你既给孩子一些口头解释和建议（教），也为孩子如何将你传授的东西付诸实践而提供必要支持（做）。随着你一页页阅读本书，你会越来越自信地教给孩子一些工具或固定程序，它们有助于孩子变得更加整洁有序。例如，在他整理各种纸张时，你建议他使用折叠式资料夹，而不是单独的资料夹。不过，这些建议的步骤，好比只是拼图中的一块，如果没有第二块拼图，孩子的技能也只会停留于此。这第二块拼图就是你的积极支持，你要激发孩子练习这些新技能和新的固定程序，并帮助他将其融入生活之中。整理技能训练计划基于行为改变的原则。简单地讲，你要把每个行为目标分解成具体的组成部分；提供大量的机会来练习每个特定的部分；用表扬与奖励来激发孩子继续做出期望的行为。让我们稍稍更具体地将这个过程分解开来。

通过将任务分解来教孩子。首先，你教给孩子一项特定的固定程序。例如，在她完成家庭作业后收拾自己的书包。你不要自以为孩子知道怎么收拾；相反，要将这个程序分解成一些基本步骤，并示范每个步骤该怎样做。我们在本书第三部分中概述了教会孩子整理物品、管理时间和制订计划的步骤，这样的话，你就不必自己来拟订这些步骤了！比如，如果你正在告诉孩子怎样分解收拾书包的固定程序，要指出一些基本的步骤："把所有的纸张放到相应的资料夹中，然后把所有的资料夹放到书包里。还要拿一种零食和你的水瓶。现在，检查一下你是否收好了所需的全部东西，看看有没有把纸忘在了桌子上，或者看看有没有什么东西掉到桌子下了。你还考虑了别的东西吗（比如需要归还给图书馆的书、乐队练习要用的乐器，或者是运动服）？最后，拉上书包的拉链，把它放在门口。"

练习。接下来，你要让孩子练习，与此同时，你在一旁观察，表扬做得好的方面（"很好，你记得检查资料夹里是不是装好了所有的纸张"），同时指出还要再努力的方面（"有没有想到明天要带的特别的东西"）。像这样的练习，你可能需要进行好几次，才能让孩子熟练掌握。在本书的第三部分中，我们将介绍一些秘诀来确保这些练习的环节平稳顺利地进行。

提示、监测、表扬、奖励。这是整个流程中最重要的部分，我们也将用整整一章的篇幅来专门介绍（见第 5 章）。如果你在教和练的阶段过后就停了下来，指望孩子"明白"，那么最终的结果将令你非常失望：孩子可能在第二天或第三天记得这些步骤，但也许很快就滑入旧模式，回到老路上。你要坚持到底，提示孩子每天运用新的技能/固定程序，以正规的方式监测孩子的进步，对他运用这项技能/固定程序提出表扬并给予奖励。如果没有父母和老师及时的提示和增强的激励，保持整洁有序的技能较弱的孩子将无法掌握新的固定程序。

"如果我自己都不够整洁，能教会孩子整理吗？"

我们和父母交谈时发现，父母们常常觉得，他们的孩子之所以养成了不爱整洁的习惯，原因在他们自己。他们会说："我去接孩子放学时，几乎天天迟到，怎么可能指望他早晨上学前按时把各种准备工作有条不紊地做好呢？"或者说："难怪我的孩子次次都找不到他的计划簿；在我们的屋子里，你根本不可能找到任何东西！我们的东西都是乱扔乱放的。"对这些忧心忡忡的父母，我们的建议是，先把你们的内疚放在一边，因为这种心态绝对不是有利于改变的心态！不过，观察一下你自己整理物品的习惯，并且思考你的家庭环境是否需要做出一些帮助孩子变得整洁有序的改变，可能是有益之举。你要考虑下面这些问题。

- **是不是可以在家里的哪个房间张贴日历，以便孩子可以看到每周的日程安排？** 许多父母觉得，在家里放置一份较大的日历或挂历，有助于孩子了解他的课后活动、与朋友的玩耍约会、到医生那里检查身体或注射疫苗，以及学校的活动（对那些每周安排六天课程的学校）等时间安排。

- **我能不能更加高效地整理家里的"东西"？** 第 11 章建议读者怎样使用储物箱和其他盒子来使各种东西整洁有序。如果你觉得家里的"东西"妨碍了孩子采用更为整洁有序的方法来收拾学习用品（例如，你找不到存放孩子家庭作业本的好地方，因为家里的每个房间都堆满了他弟弟的玩具），一个好主意是，先读一读第 11 章的内容，看看你可以怎样着手使乱七八糟的物品得到控制。有位妈妈和我们分享了一个简单的解决方案，她采用这个办法后，神奇地改变了自己家里的面貌：她买来一辆手推车，车上装有资料夹和箱子，并且给每个孩子分配几个资料夹来装他们的美术作品、手工作品、重要的纸张；箱子则用来保存写作用品和美术用品。当然，这位妈妈必须确保孩子们学会了将纸张收好并将各种物品放到手推车上的固定程序，而且要保证在较短时间后厨房的洗手台上再也不会堆放纸张，保证每个孩子都有做家庭作业和美术设计的必备材料，不论他们选择在哪个房间做。

- **是不是每个房间有一个时钟，以便孩子及时做完作业或其他事情（比如洗澡和穿衣服）？** 我们在第9章中讨论了如何帮助孩子提升时间管理技能，并且将时钟作为任何一项推荐的固定程序中不可缺少的要素。

- **我需不需要稍稍改变日程安排，使孩子有更大的可能按时做好各种事情？** 例如，如果校车每天早晨8：15到来，而你7：45才把每个孩子叫起来，那就可能让他们很难准时出门乘坐校车。想想你一天之中匆匆忙忙（而且可能还朝孩子大声叫喊）的那些时候，考虑是不是有办法稍稍改变日程安排，使孩子和你的压力最小化，并最大限度保证他们能够及时、顺利地做好各种事情。

- **我是不是为孩子完成整理任务示范了一种有计划的方法？** 第10章概述了帮助孩子为完成更大任务而做好计划的步骤。在阅读那一章时，你要想想可以怎样示范你必须每天完成的任务的过程。你母亲的生日快到了吗？和孩子讲一讲，你需要为他们的外祖母准备什么生日礼物以及打算怎样庆祝。你在筹划假日晚餐吗？请孩子帮你写出菜单和购物清单。如果你经常使用一些保持整洁有序的技能，那么你越是能为孩子主动示范那些技能（也就是指出你正在做什么，并且示范合适的步骤），孩子就越有可能使用它们。

对上面这些问题，如果你对其中一些的最初回答是"没有"或"不是"，也不用担心。在本书中，我们将介绍一些秘诀来帮助你执行整理技能训练计划中的步骤，这些秘诀是从我们与父母和孩子的密切合作中发展而来的。在阅读接下来各章内容时，你要想办法提高孩子保持整洁有序的技能，同时把家里收拾干净。记住，即使没有完美地坚持下去，也让自己放松一些，毕竟任何一种新的方法都有开始运用和停止使用的时候。接下来想一想你需要怎样改变以前的做法，以收到更好的效果。例如，如果你发现自己经常忘记提醒孩子，或者忘记在孩子收好某些物品时给予他奖励

（这个过程将在第 5 章中描述），你要考虑可以用什么办法让自己记得提醒。也许你需要在某个更显眼的地方（比如在冰箱门上）贴出一份清单，列举孩子正在努力训练的技能，每天晚上规定一个特定的时间来了解他做得怎么样，并给予奖励。给你自己和孩子一些时间来适应这种新的方法。

要记住，你是孩子最重要的老师。因此，尽心来当好他的整理教练，并且做好准备开始你的第一轮职业培训吧。本书的第二部分将为你介绍一些内幕消息，你需要它们来着手训练孩子熟练掌握整理物品、管理时间和制订计划等技能。

第3章
发现孩子在保持整洁有序方面的优势与劣势

10岁的布兰登和他母亲正在与学校辅导老师见面。辅导老师注意到,布兰登在学校的表现正在下滑。谈话刚一开始,辅导老师就温和地问布兰登,这么多次没有完成家庭作业,到底是什么原因。布兰登把整个身子蜷缩在椅子里,喃喃自语地说:"我只有几次没做。"他妈妈立刻反驳:"只有几次吗?老师给家里写了个便条,说你上周只交了一张数学作业,而且你三个周没有写读书日记了!你这是彻底的不负责任。"布兰登耸了耸肩,盯了窗外一阵子,他妈妈继续说道:"我时常不知道他的作业是什么!他从来不填写自己的计划簿,即使填写了,也总是忘记把书带回家。来,布兰登,你必须承认,你完全是一片混乱,毫无条理!"布兰登顶嘴道:"我的朋友也都时常忘记家庭作业。这不是什么大不了的事。"

布兰登拒绝承认他在保持整洁和井井有条方面存在不足,其实是非常典型的,对于这种现象,甚至还有一个专业的名称:"虚幻的正偏差"。意思是说,尽管有清晰的证据证明许多孩子保持整洁有序的技能很差,但他们就是看不到这些问题,或者不承认他们看到了。讽刺的是,这种偏差在最难保持整洁有序的孩子身上格外普遍,也就是被诊断出患有注意缺陷多动障碍的孩子。在我们对无数个孩子开展的研究中,孩子们对自己保持整洁有序的技能的评价,总是比他们的父母或老师的评价更加肯定。有人认为,这种否认问题存在的趋势,其实是一种自我保护:假如孩子不认可自身的局限,也就不必对自己感觉不好了。

尽管孩子可能没有发现他在保持整洁有序的技能上存在问题,但你也许注意到,他在处理与整理有关的某些方面时始终感到困难重重。我们建议你采取一些措施,为孩子保持整洁有序的能力的提高打下基础。

更深入了解孩子在保持整洁有序方面的优势与劣势

为了确定你打算帮助孩子提升哪些方面的特定技能,你要填写表 3-1 中的整理物品、管理时间和制订计划问题清单。你可以自己填写这个问题清单,也可以和配偶一同填写,然后再和孩子谈心。想一想孩子在校学习的日子里必须完成的任务,包括早晨做好出门上学的准备,把上课需要的所有物品放进书包,为一天的课程准备合适的学习用品,把家庭作业带回家中,完成家庭作业,做家务,做好睡觉的准备,等等。孩子在完成这些任务时,面临哪些典型的挑战?在你家里,有没有哪些方面经常引发冲突,或者有没有哪些方面是老师向你反映孩子在学校里常常遇到问题的?如果你发现在"经常这样"或者"始终如此"那一列中划了许多√,那么,一个好主意是,和孩子探讨这些问题,并制订在这些已经确定的方面提升技能的计划。

在填写整理物品、管理时间和制订计划问题清单时,你会注意到,清单中提及了四种类型的小捣蛋鬼。我们随后将进行解释。

确立有益的心态:引入小捣蛋鬼

在对孩子及他们的家庭进行研究时,我们发现,一种有益的做法是将整理物品、管理时间和制订计划中的问题确定为大脑中的小捣蛋鬼带来的问题。这也是我们在整理物品、管理时间和制订计划问题清单中包含这些小捣蛋鬼的原因。我们把这些小捣蛋鬼比喻成在每个人大脑中闲逛的淘气小东西,他们企图使智多星犯错,而智多星负责把事情圆满做好。例如,"不见了没关系"小捣蛋鬼可能告诉孩子,不必把家庭作业记录下来,因为孩子回到家后自然会回想起来。当孩子回家后记不得家庭作业是什么时，这个小捣蛋鬼就笑了，因为他知道自己再度挫败了智多星，使孩子陷入了麻烦中。

表 3-1 整理物品、管理时间和制订计划问题清单

观察到的现象	从没有过	偶尔有之	经常这样	始终如此
记录作业（"忘记了没关系"小捣蛋鬼）				
孩子潦草地记录留了哪些家庭作业				
孩子忘记把需要用的东西带到学校				
孩子忘记第二天要交的作业				
孩子经常一到学校就发现他不知道或者忘记了一门考试				
整理物品（"不见了没关系"小捣蛋鬼）				
孩子很难找到他需要的纸张				
孩子到家后，发现没有带家庭作业需要的纸张/书本				
孩子在家时忘了要完成的作业和/或其他必要的学习资料				
孩子的书包杂乱不堪				
孩子的书桌上一片狼藉				
孩子把个人物品随意乱放（如手套、卫衣、小玩具、电子产品等）				
管理时间（"时间大盗"）				
孩子很难按时开始做家庭作业				
孩子要花很长时间才能完成家庭作业				
需要不停地催促，孩子才能在早晨做好出门的准备				
孩子很难准时完成每天的日常事务（例如打扫卧室卫生、洗澡、做少量的家务）				
制订计划（"不做计划没关系"小捣蛋鬼）				
孩子不知道如何开始完成学习计划/任务				
孩子很难将大型计划分解成若干步骤				
孩子不得不匆忙做完长时作业，原因是缺少计划				
孩子经常交出不完整的和/或杂乱无章的作业				

资料来源：*The Organized Child* by Richard Gallagher, Elana G. Spira, and Jennifer L. Rosenblatt. Copyright © 2018 The Guilford Press.

我们用这种模型，以对孩子友好的、不带威胁意味的方式来解释执行力（以及某些人在执行力上存在的困难）。我们发现，说到烦人的小捣蛋鬼总在想方设法让孩子们犯错时，孩子们对此反应十分积极。这种比喻，使你可以采取中立的态度和孩子交谈，聊聊那些由于准备不充分、丢失重要资料或者错过校车等原因引起的问题。它还有利于大人与孩子之间进行合作：我们鼓励孩子与他们的父母及老师一起，共同"战胜"那些小捣蛋鬼，使智多星能持续掌控局面。

我们建议你首先自己通读一遍下面的"小捣蛋鬼指南"，以便了解我们是怎样来思考许多孩子在整理方面面临的不同问题的。在填写了整理物品、管理时间和制订计划问题的清单后，你应当对孩子面对着哪些最麻烦的小捣蛋鬼了如指掌了。在问题清单中，我们是按小捣蛋鬼的特点来排列各种问题的，以便你依次辨别孩子面对的小捣蛋鬼。你自己读完之后，可以和孩子一同来通读这份指南（我们是以与孩子直接交流的口吻来写这份指南的，因此，年龄大一些的孩子可以自己读它），并且和孩子谈一谈，各种不同的小捣蛋鬼怎样干扰智多星并导致问题产生。我们发现，当父母们可以举些例子来说明哪些特定的小捣蛋鬼让孩子陷入麻烦时，孩子通常能够最好地回应。如果你曾把钥匙放在一个古怪的地方，然后花了很长时间来找，那便是"不见了没关系"小捣蛋鬼在作怪。告诉孩子，你有一次中了"忘记了没关系"小捣蛋鬼的招，结果忘记了要和老板进行一次十分重要的面谈，或者"时间大盗"让你花了一个小时来看电视而不是做完家务活，结果把你的睡眠时间"偷走了"。孩子喜欢听父母讲述他们自己搞砸了的事情；这也使大人能够大大方方地承认，他们同样深受小捣蛋鬼的困扰。

下面的内容包含了对每个小捣蛋鬼的详细介绍。等到我们学习新的技能时，会再度回顾这份指南，以便知道如何战胜那些小捣蛋鬼！

小捣蛋鬼指南

帮助智多星战胜小捣蛋鬼！

智多星

不论我们做什么，都要用到大脑：呼吸、吃饭，甚至睡觉。当然，学习和到校上学，也要用大脑。走进校园，找到你的班级，向同学们问好，读书，听老师讲课，全都要使用大脑。我们可以想象自己的大脑中有一些不同的部分，它们帮助我们做不同的事情。大脑中的有些部分有助于我们保持整洁。这些部分帮我们环顾四周的环境并思考我们必须做些什么。同时，大脑的这些部分密切协作，让我们知道刷牙、做三明治、准备看电影时都有哪些步骤。让我们这样来想象：大脑中负责整理的各部分（也就是那些帮助我们决定做什么、怎么做的部分）合为一体，就像一个超级英雄，我们称他为智多星。智多星帮助我们控制自身的行为。

智多星有杰出的表现，但并不完美。有时候，智多星不够积极主动。当你困倦、紧张或匆忙时，智多星的表现就不那么好了。对有些人来说，要使智多星持续保持活跃，真的太难了。另一些人可能说，智多星有时候粗心大意或懒惰成性。但这并不是真的。

专家们了解到，当智多星不够积极主动时，一些令人烦恼的小问题便会恶化。你的大脑更有可能犯错，这种情况出现时，小捣蛋鬼就会挡住你的去路。我们所有人的脑海中都会偷偷潜入一些小捣蛋鬼。它们告诉我们一些愚蠢的事情，或者让我们忘记运用相应的技能来使自己保持整洁并完成好任务。你有没有忘了把上学需要的某本书或某张作业纸收进书包的经历？如果有，那就是小捣蛋鬼在作怪。你是否曾经丢失过重要的纸张，比如你的家庭作业或是一张特殊的许可回执？那也是小捣蛋鬼引起的。每次我们出差错、犯错误时，小捣蛋鬼都会开个派对庆祝一番。他们喜欢我们没能控制自己的行为时的样子。

专家们将一些要诀和技巧综合起来，帮助你训练智多星，让他变得更加积极主动，以便你能控制住小捣蛋鬼。整理技能训练计划将教给你一些新的习惯，让你知道采用哪些步骤来使智多星继续掌控局面，并且不让小捣蛋鬼们挑拨离间。让我们来看看那四个顽皮的小捣蛋鬼。

首先是"忘记了没关系"小捣蛋鬼。这个小捣蛋鬼想让你忘记重要的事情，比如家庭作业、必须带回家复习的重要书本，或者父母让你干的家务活。小捣蛋鬼会骗你说，你不必把家庭作业记下来，不用在离开学校时检查书包，看看是否带齐了所有东西。这个小捣蛋鬼想让你忘记你要做的事情，从而陷入麻烦。当它赢了时，你看起来很笨，因为你没有把事情做对，或者不知道你需要做些什么。

还有"不见了没关系"小捣蛋鬼。这个小捣蛋鬼把你的注意力从你手头的东西上转移开，使你把东西乱扔乱放或者不慎将东西遗失。小捣蛋鬼告诉你，不论你把重要的文件放在哪里，你都能找着，因此，小捣蛋鬼让你确信，只要把作业胡乱塞进书包或者摆在书桌上就行了，不需要使用资料夹。当你即使找过也没能找到你的家庭作业时，或者你找不着自己的平板电脑时（原因是你每次用完后，就会把它们放在不同的地方),"不见了没关系"这个小捣蛋鬼就战胜你了。

"时间大盗"是一个让你失去时间观念并忘记在规定时间内要完成的事情的小捣蛋鬼。如果你直到某个作业截止日期的前一天晚上才想起来,那么这个小捣蛋鬼就现身了。它会让你认为,你可以晚点儿再做,不需要对时间表进行安排。当你发现自己尽管花了好几个小时来做家庭作业,却怎么也做不完时,也是"时间大盗"暗中捣鬼所致。它让你在工作和学习时感到迷惑,使你分神,以便你不能很好地利用时间。

最后,"不做计划没关系"小捣蛋鬼会带走你出色的思考技能。这个小捣蛋鬼告诉你,不必制订计划,无须事先想好完成大型任务的步骤。如果你交给老师的作业漏掉了重要的部分,或者由于你忘了事先想好你要带去跟朋友玩的玩具和游戏,因而玩的时候感到不开心,那是陷入这个小捣蛋鬼带来的麻烦中了。

"忘记了没关系"小捣蛋鬼

"忘记了没关系"小捣蛋鬼

这个小捣蛋鬼会潜伏在你的记忆中,卷走你应当记住的事情,或者妨碍你记住某些事情。

"忘记了没关系"小捣蛋鬼可能说的话

"别担心,你不会忘记把数学书带回家的。你可以晚点儿再收拾书包,等到下课之后再收拾吧。"

"你不用把家庭作业记下来,会记得的。"

"你不必用日历来记录考试或学习计划。老师会提醒你考试日期和学习计划截止日期的。"

"忘记了没关系"小捣蛋鬼什么时候出现

这个小捣蛋鬼在老师告诉你们当天的家庭作业时现身。它还会在你收拾书包时出现,不让你仔细回忆要带的东西。接下来,等你回到家,却发现做作业需要的资料没有带回家时,这个小捣蛋鬼就会跳起欢快的舞蹈。

"不见了没关系"小捣蛋鬼

"不见了没关系"小捣蛋鬼

这个小捣蛋鬼会进入控制你做事情的大脑部分,说服你把东西放到错误的地方或者你会忘记的地方。它让你陷入乱扔乱放的麻烦中,这样一来,你到学校时可能发现书包里没有家庭作业,或者回到家里时发觉有的书本或作业纸没带回来。这个小捣蛋鬼还会让你的玩具不是掉这个零件,就是掉那个零件,让你难以找到东西。它还使你的书包里和书桌上一片狼藉。

"不见了没关系"小捣蛋鬼可能说的话

"快点!我们必须做些别的事。把玩具丢在那儿吧,你可以晚点儿再来收拾它。"

"让我们看会儿电视吧。你可以等做完了家庭作业再把它收到书包里。"

"就把家庭作业表放在你书桌上吧。你之后会找到它的。"

"即使你的平板电脑不见了也没关系,妈妈或爸爸会帮你找出来的。"

"不见了没关系"小捣蛋鬼什么时候出现

当你从老师手中拿到一张作业纸以及在放学前收拾书包时,这个小捣蛋鬼就会现身。只要你一打开书包,特别是从书包里拿些东西出来,这个小捣蛋鬼就出来转悠;它可能让你分神,使你忘记把东西放到属于它们的正确位置。玩耍时间一结束,这个小捣蛋鬼就会告诉你,不用收拾,只要赶紧参加下一项活动就行了。当你找不到某些重要的东西时,这个小捣蛋鬼就会很开心。

"时间大盗"

"时间大盗"

这个小捣蛋鬼会进入你大脑中掌握时间概念的部分,说服你没有时钟或日历,也不用担心。它让你感到困惑,以便你不知道做事情要花多长时间。

"时间大盗"可能说的话

"放轻松些。做这件事情,我们可以想做多久就做多久。"

"别担心现在是什么时间,妈妈或爸爸一定会让你准时赶到学校的。"

"做家庭作业的时候稍稍休息一下,把曲别针串成一条玩,没关系的。你有很多时间做作业。"

"时间大盗"什么时候出现

你在度假或者周末放松身心时,让"时间大盗"来暂时掌控一下时间是没关系的;每个人都需要短暂地休息,不需要整天担心时间。但是,"时间大盗"也在你做家庭作业的时候,或者你必须在截止日期之前完成某些任务的时候,又或者要做某些事情(例如,你每天下午5:00要练习踢足球)的其他时候出现。在这些时候,"时间大盗"会带来一些问题,因为它放慢了你的步伐,所以使你无法按时做好准备。"时间大盗"还可能想方设法欺骗你,让你以为你可以先等一等,不用着急开始做某些事。这个小捣蛋鬼将智多星的注意力从时钟和日历上转移出去,从而给你制造麻烦。

"不做计划没关系"小捣蛋鬼

"不做计划没关系"小捣蛋鬼

这个小捣蛋鬼会进入你大脑中控制思考的部分,它让你确信,不必提前考虑完成某项任务或做好某一活动需要哪些步骤的计划。这个小捣蛋鬼可能欺骗你相信，你正打算完成的学习计划很容易，无须做计划，或者可以到最后时刻再来着手完成。

"不做计划没关系"小捣蛋鬼可能说的话

"你为什么要麻烦地为完成这些科学作业做计划啊？妈妈和爸爸会为你做好计划的。"

"你不必考虑完成这个学习计划需要哪些资料。我确定，你手头肯定都有了。"

"不做计划没关系"小捣蛋鬼什么时候出现

有时候，只为了放松一下而不去想怎样安排时间，确实是可以的。但是当你发现自己为完成某个计划而在最后时刻搞突击时，就是这个小捣蛋鬼在控制你。它有时还和"忘记了没关系"小捣蛋鬼以及"时间大盗"联手控制你。它可能告诉你，别担心你做家庭作业需要的资料，或者不要想着你在准备工作中必须采取的措施。当你因匆忙交出潦草的作业，或者在最后时刻到来之前一直没有想起做某件事而挨骂时，这个小捣蛋鬼就开心了。

资料来源：*The Organized Child* by Richard Gallagher, Elana G. Spira, and Jennifer L. Rosenblatt. Copyright © 2018 The Guilford Press.

针对年龄稍大的孩子的秘诀

假若孩子觉得所有这些小捣蛋鬼都是针对更小孩子的幼稚形象，你可以使用"青少年小捣蛋鬼指南"来替代，这份指南将以更成熟的方式来介绍这些概念。

青少年小捣蛋鬼指南

不论我们做什么，都要用到大脑：呼吸、吃饭，甚至睡觉。当然，学习和到校上学，也要用大脑。走进校园，找到你的班级，向同学们问好，读书，听老师讲课，全都要使用大脑。我们的大脑中有一些不同的部分，它们帮助我们完成不同的活动。例如，大脑中的有些部分有助于我们阅读，其他部分则帮助我们学数学、打篮球或者听音乐。大脑还有些部分使我们保持整洁。这些部分让我们环顾四周的环境，并且推测我们必须做些什么。我们称这部分帮助我们决定做什么和怎么做的大脑为智多星。智多星帮助我们控制自身的行为，确保我们做重要的事情。

智多星有杰出的表现，但并不完美。有时候，智多星不够积极主动。当你困倦、紧张或匆忙时，智多星的表现就不那么好了。我们在对年幼的孩子、青少年以及成年人进行研究的时候发现，有些人难以使智多星持续保持活跃。另一些人可能说，智多星有时候粗心大意或懒惰成性。但我们知道这并不是真的。我们知道，难以做到整洁和保持整洁的人通常刻苦努力，尽力去收拾好物品，他们只是无法使智多星保持足够活跃。

我们了解到，当智多星不够积极主动时，一些令人烦恼的小问题便会恶化。你的大脑更有可能犯错，这种情况出现时，小捣蛋鬼就会挡住你的去路。我们喜欢把小捣蛋鬼想象成一些小东西，它们潜伏在我们的大脑中，在我们最不经意的时候，将我们的生活搞得一团糟。当然，我们在这里真正讨论的是自身的一些趋势：每个人都有放松警惕和犯错的时候，这些错误让我们看起来似乎毫无条理，不过我们发现，把这类错误想象成淘气的小东西稍稍容易一些。这些淘气的小东西会对我们耍诡计，所以我们必须时刻保持警惕。因此，我们会想：所有人的脑海中都会偷偷潜入一些小捣蛋鬼。它们使我们忘记运用相应的技能，比如把作业记下来，或者在走出家门之前先检查一遍，看看是否拿齐了必需的东西。你有没有过忘了拿上学需要的某本书或某张作业纸的经历？如果有，那就是小捣蛋鬼在作怪。你是否曾经丢失过重要的纸张，比如你的家庭作业或是一张特殊的许可回执？那也是小捣蛋鬼引起的。每次我们出差错、犯错误，如忘记交作业，把重要的资料放在学校忘了拿回家，花太长时间完成家庭作业，忘了为快到截止日期的大型作业制订一些提前计划，小捣蛋鬼们就会兴奋不已。它们喜欢我们没能控制自己的行为时的样子。

让我们来看看它们是什么以及做些什么。

首先是"忘记了没关系"小捣蛋鬼。这个小捣蛋鬼想让你忘记重要的事情，比如家庭作业、必须带回家复习的重要书本，或者父母让你干的家务活。这个小捣蛋鬼想让你忘记你要做的事情，从而陷入麻烦。当它赢了时，你看起来很笨，这样的话，你可能逃不过父母或老师的训斥或责罚了。

还有"不见了没关系"小捣蛋鬼。这个小捣蛋鬼把你的注意力从你手头的东西上转移开，使你把东西乱扔乱放或者不慎将东西遗失。小捣蛋鬼告诉你，不论你把重要的文件放在哪里，都能找着，因此，小捣蛋鬼让你确信，只要把作业胡乱塞进书包或者摆在书桌上就行了。当你找不着自己的东西时，这个小捣蛋鬼就战胜你了。

"时间大盗"是另一个小捣蛋鬼，它使你失去时间观念，忘记在规定时间内要完成的事情。"时间大盗"迷惑你，让你错误地以为做某些事情只需要花很短的时间，或者使你在工作和学习时分神，让你不能很好地利用时间。

最后，"不做计划没关系"这个小捣蛋鬼会带走你出色的思考技

> 能。这个小捣蛋鬼告诉你，不必制订计划。当你的计划或者一些有趣的活动最终搞砸了时，这个小捣蛋鬼却感到兴奋不已。
>
> 整理技能训练计划被设计用来帮助儿童和青少年学会使用特定的技能来与这些小捣蛋鬼战斗。如果你可以学会并练习让自己保持井井有条的新方法，便可以增强智多星的力量，使得小捣蛋鬼以及你的生活在自己的掌控之下。
>
> 资料来源：*The Organized Child* by Richard Gallagher, Elana G. Spira, and Jennifer L. Rosenblatt. Copyright © 2018 The Guilford Press.

当你和孩子探讨这些小捣蛋鬼怎样给掌控着孩子大脑的智多星带来麻烦时，事先与孩子一起全文通读"小捣蛋鬼指南"，可以为你们的探讨做好准备。为了使这种探讨尽可能地积极和富有建设性，我们有下面这些建议。

为开放式的探讨确定正确的基调

当你着手列出孩子在保持整洁有序方面的一系列劣势时，他很可能感到沮丧。（想一想，当你的某个号称无所不知的同事向你指出，他的追踪销量的方法或者记备忘录的方法比你的方法高效得多时，或者当你走进家门，把鞋子丢在客厅中央，你妻子对你大喊大叫时，你会是什么感受！）记住，说到保持整洁有序的能力，孩子的自我印象（self-image）可能比你对他的印象好一些。因此，他或许没办法马上做好准备，和你一同列举他在哪些时候、哪些方面会有困难。此外，孩子很想让你高兴（即使他假装并不在乎你），因此，当他觉得你在批评他时，他也许感觉十分糟糕，甚至可能触发防卫型的"那又怎样"的态度。

因此，你该以怎样的方式来告诉孩子，他在管理时间上确实存在问题，又不至于使他朝你翻白眼或者说你大惊小怪呢？你如何帮助孩子意识到他的书包凌乱不堪，又不会使他对这件事情感到糟透了呢？最重要的是，在让孩子认识到他在哪些方面保持整洁有序的技能存在不足时，你要怎样提供帮助，才不至于让孩子以为你在批评或攻击他？

由于本书中介绍的训练计划取决于你与孩子之间的合作，因此，从一开始就确定一种合作的基调十分重要。为与孩子进行开诚布公的交谈，既积极又富有建设性地探讨孩子在整理方面的优势与劣势，可以考虑下面这些指导原则。

做好准备。告诉孩子，你想和他谈谈他在保持整洁有序方面存在的困难，以便你们共同解决这些问题。首先确立一种支持的基调，对孩子承认，讨论这些问题也许很难，但是你们两人要共同努力，使各种事情变得更加顺利，为此，你们要想清楚哪些方面需要得到改进，才能着手改变。告诉孩子，你真的想了解他在学校和家里觉得哪些事情格外难以做好，也让他知道，你想努力帮助他。

考虑时机。要确保你在正确的时间和地点与孩子交谈，不会被电话铃声打断，孩子的兄弟姐妹也不在一旁吵吵闹闹（孩子最不希望自己的兄弟姐妹随时插话）。此外，要考虑孩子的心情和身体状况。不要在他上了整整一天的课并且进行了两项课后活动之后坐下来和他谈，也不要在他累了或者即将吃饭的时候谈。想一想，一般在什么情况下，孩子更愿意对你敞开心扉。是你和配偶都在场的时候，孩子更愿意说出内心想法，还是你们俩都在场的时候，孩子可能感觉被你们"联手对付"？是当你和他坐在后院聊天时他更容易袒露心迹，还是他需要在没人打扰的情况下和你在房间里好好聊？给孩子吃点零食，会不会让他觉得更放松？

保持简短。虽然你想和孩子全面讨论他在保持整洁有序方面的优势与劣势，但你也要留意，孩子能够坐下来聊多长时间，之后就会走神。最初的讨论以 5～10 分钟为宜；如果孩子的积极性较高，你可以继续聊下去。要记住，这次讨论是一种概括，以后你还有机会更深入地和孩子聊不同的技能。

先谈优势。在谈到从哪些方面提高保持整洁有序的技能之前，首先列举一下孩子在这方面的优势，一直是个好主意。想一想孩子在整理方面的长处，表扬他做得好的一些特定行为。例如，假若孩子按正确顺序摆好了他的乐高积木，或者在练习游泳之前就拿好了泳帽和泳衣，那么就表扬他在这些方面表现出的井然有序。在和孩子说到整理时，可以对他解释说，包括你本人在内，每个人都既有优点，也有不足。

不要说太多。如果你发现自己在不停地说，就暂停一会儿，提个问题，鼓励孩子说说他在哪些方面注意到自己存在问题。如果孩子在某个特定主题上说不出什么来（比如，当你问他在哪些事情上没有事先制订好计划时，他想不起来），可以简要描述一下你在那方面注意到的问题，并继续下去。

切忌评判。当你和孩子谈到你发现他在保持整洁有序方面存在问题时，要以一种中立的、注重事实的方式来谈，不要用贬义词给这些问题贴上标签。此外还要注意，别插入你自己对孩子"应当"做些什么的意见。坚持只阐述事实而不带任何评判。最后，不要责怪孩子在保持整洁方面的劣势。使用小捣蛋鬼的模式，有利于你将自己的评论定位为"不是孩子的错"。

给予支持。特别要注意孩子的面部表情和身体语言。他看起来很难过或者非常生气吗？他的双臂是否交叉在胸前，摆出一副防御姿态？他在那里坐立不安，还是避开和你的眼神交流？如果你注意到这些不自在的迹象，花点工夫先核实一下，然后重新来过。表扬孩子和你进行这种交谈，并向孩子承认，对任何人来说，谈论那些不容易做到的事情都很难。

巩固成功做法

你可能还想说，你和孩子完成讨论之后，可以一同做些特别的事情，以激励孩子参与。如果你知道，和孩子一起制作冰激凌圣代、玩电子游戏或者聊完之后到公园走一走，能让你们更容易坐下来聊些乏味的或者让人不舒服的事情，那就尽管这样去做吧。

以下的对话，例证了在你和孩子探讨整理问题时可能的交流，还给出了一些提示，让你知道怎样去敏感地察觉孩子的想法与感觉。我们在本书中将这种类型的交流称为"建设性的谈话"。

建设性的谈话

父母：我喜欢"小捣蛋鬼想让智多星陷入麻烦"这个概念，因为我觉得，它描述了当我们没有做到井井有条时真正会遇到的各种问题。你怎么看呢？你发现那些小捣蛋鬼的诡计了吗？

孩子：也许吧。

父母：你怎么看"忘记了没关系"小捣蛋鬼？我觉得描述得很对，那个小捣蛋鬼有时候会骗你相信自己会记得所有的事情，因此不必把它们写下来……接下来呢，你就会忘记一些重要的事情。

孩子：是的，我偶尔会忘了把哪门课的家庭作业记下来，比如读书日记。但不管怎样，我总是记得自己必须做的一切，因此这一点对我来说真的不重要。

父母：你说得对。你总是记得阅读，这很好！但你有没有想过，你有时候会忘记把作业记下来，然后第二天才发现没有做那些作业呢？

孩子：嗯，确实有过这种时候。比如上个星期，我忘了把写读书报告时需要用的一本书记下来，然后，当我们要在班上读这本书时，我发现自己没带。

父母：这是个很好的例子。你在我们聊到这些的时候想起来了，很棒。让我们再想想另外三个小捣蛋鬼，然后去吃些冰激凌吧！唔……我知道，咱们家里一定还潜伏着另一个小捣蛋鬼，那就是"时间大盗"。

孩子：呃，我知道你想说什么。

父母：说来听听，我想说什么。

孩子：我从来没有按时做好准备，每天早上都让你抓狂。为了这件事，你总是朝我大喊大叫!

父母:我知道,宝贝,对不起。我也讨厌每天早晨就冲你高声喊叫!但那正是我们谈论所有这些事情的部分原因——如果我们可以弄清楚问题出在什么地方,就能想出更好的办法来解决。因为我觉得,我们可以共同想出解决这个问题的办法,是不是?那么,你每天早晨在哪些事情上做得比较慢?

孩子:我总是很累,所以起床以后,我的动作真的很慢。

父母:哦,我们刚刚了解了"时间大盗"怎么在我们很累的时候偷走我们更多的时间,对不对?

孩子:是的,我猜这是真的。我从来不觉得做好上学的准备要花这么长时间,但是要把东西收好、穿好衣服、吃完早餐,并且做好所有这些事情,确实也要花不少时间。

父母:所以说,这一定是我们应当共同完成的事情,因为在这个问题上,我感到很有压力,你也觉得不轻松,我们都不应该以这种方式开始一天的生活。我觉得,你想到了所有这些,并且意识到我们可以共同来完成哪些事情,真的是太好了。

转向下一章

在你填写好整理物品、管理时间和制订计划问题清单,并且用它与孩子简短地探讨存在问题的方面之后,随着你继续读本书的其他内容,和孩子共同提高保持整洁有序的能力,你应该更加懂得要将自己的精力集中在哪些方面。

从何处着手

对大多数孩子而言,合理的做法是按顺序通读本书第三部分中各章的内容,因为这部分中介绍的各种技能,从最简单的开始逐一介绍;之后介绍的技能,通常取决于之前介绍的技能。例如,孩子需要一种好方法来记录每天家庭作业的内容，之后才能想办法更好地管理时间，以便高效完成作业。不过，整理物品、管理时间和制订计划的问题清单，有利于你辨别哪些小捣蛋鬼在孩子那里造成了最多的问题（本书第三部分中的每一章将分别重点介绍一个特定的小捣蛋鬼），并且辨别在某一章中对孩子来说最重要的单项技能（不过，即使孩子已经拥有了某些技能，我们也建议你通读一遍，说不定你发现一些要诀和技巧很管用，将来可以随时用上）。评估孩子在保持整洁有序方面的优势与劣势，还有助于你确定对自己和孩子的期望。对于孩子并不是经常遇到的问题，也许他通过有人指导的练习，十分迅速地学会了新的技能；不过，对于一些更加根深蒂固的问题，你需要花更多时间和精力来帮助他。

　　仔细审阅孩子在整理物品、管理时间和制订计划的问题清单上存在最多问题的方面，你可能发现，具有最多不利影响的问题，全都与学校相关。这是很常见的（即使那些影响也被孩子带到家里，造成了大量的冲突）。事实上，如我们在第 1 章中讨论过的那样，整理技能训练计划设计的初衷是解决孩子在保持整洁有序的技能上存在的一些问题，而这些问题大多数与完成学校任务和履行学生职责有关。如果你家孩子也是这种情况，你可以按顺序通读本书第三部分中的各章内容，然后对照第四部分的内容来检查，看看你想要重点解决的问题是否也在家里给你和孩子带来影响。有时候，孩子在学校里表现出某项特定技能的缺陷，比如收拾书包，这一缺陷同样也在家里表现出来，比如周末时让孩子收拾好运动包或去走亲访友时收拾背包，他总是很难收好。如果是这种情况，让孩子将在学校整理书包的技能转变成在家里收拾背包或运动包的技能，会相对较为容易。如果孩子的基本情况表明，他在家里存在大问题的一些技能，在学校里却不是问题（例如，孩子的房间一片狼藉，不过他在学校却能整洁有序地摆放好学习用品），那么你可能要在关注孩子在校问题的同时，也着手解决这些存在于家里的问题。第 11 章将引导你如何教授孩子需要的技能，除此之外，还将介绍怎样用这些技能解决孩子在家里的问题。在开始启动整理技能训练计划之前先通读这本书，将为你提供有价值的概览。

追踪进步情况

你会在本书中找到许多追踪孩子进步情况的工具，但如果你愿意的话，也可以出于追踪进步情况的目的，特别是为了激励孩子继续下去而使用整理物品、管理时间和制订计划问题清单上的评分。把问题清单多打印一份，拿在手里，你便可以选择适当的时间间隔再次填写那份表格，看看是不是可以在"始终如此"或"经常这样"这两列中少画一些√……如果是这样，还要庆祝孩子的进步！

第4章会概述第三部分和第四部分出现的内容，在这两个部分中，你将了解到一些有益的内容，指导你着力培养孩子需要的技能。在第5章中，你将找到一些基本的工具激励孩子在日常生活中做出改变，并且随着时间的推移而保持那些改变。这些工具都将融入第三部分和第四部分每一章关于技能培育的内容之中，因此，一定要完整地阅读这些内容。

理解整理技能训练计划

本书的第二部分将为你在第三部分和第四部分培育技能打下基础，在转到第二部分之前，你是否做到了以下几项？

- 在一定程度上了解了保持整洁有序的技能，以及它们如何与孩子正在发育的大脑中的执行力产生联系？
- 懂得了整理技能训练计划是如何被制订出来的，并且知道该计划将怎样帮助孩子培养重要的技能，助推他们在学校学业成功，在家里保持整洁有序？
- 了解了你如何发挥好自身的作用，帮助孩子从整理技能训练计划中受益？
- 对孩子在保持整洁有序方面的优势与劣势加深了理解？
- 初步考虑了你将怎样根据孩子最需要帮助的方面来用好这本书？

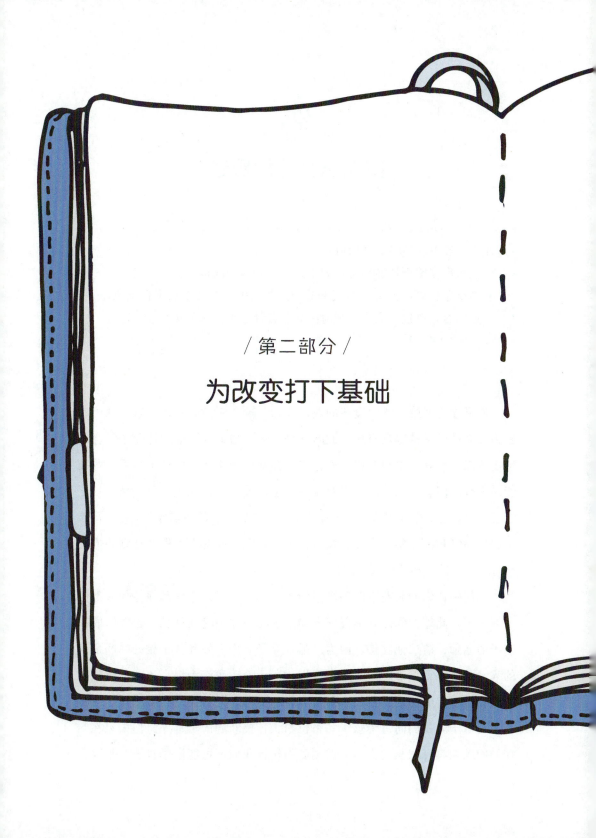

/ 第二部分 /

为改变打下基础

第4章
技能培养计划概述

在这一章中,你将学会如何:
- 使自己在整理技能训练计划中逐个步骤地向前推进。
- 熟练掌握第三部分和第四部分中的各章内容,帮助孩子在记录作业内容、整理物品、管理时间和制订计划等方面强化技能。

如果你遵循第3章中概述的建议步骤,现在应当更好地了解了孩子到底为什么难以保持整洁有序。此时此刻,你应当掌握了你想让孩子学会的特定技能,也可能感到些许不安:或许怀疑该怎样来帮助孩子学习这些技能,这对他们学业上的成功以及今后人生的成功来说太重要了。帮助孩子学习技能看起来令人却步,特别是在其他人(比如老师和辅导员)在教育孩子保持书籍和纸张整洁有序,按时把事情做完,或者事先做好计划等方面都曾做过尝试,却都失败了的情况下。

我们想让你们先花点时间来想清楚,作为父母,你比其他任何人都更了解孩子。此外,你比其他任何人和孩子在一起的时间都长,也能够联系孩子的老师,请求他支持,因为老师是除了父母之外和孩子相处时间最长的人。即使是家长带着孩子来到我们诊所,希望我们为提高孩子的整理技能而提供专业的帮助,我们也要依靠这些父母,因为他们是激励孩子改变的主要因子。我们向每个孩子和每位家长传授新的固定程序,但如果在治疗的间歇期没有家长的提示、监测和强化,我们不可能激励孩子真正改变他们的行为。

在接下来的几章中，我们将分享在十多年的研究过程中以及对整理技能训练计划的严格评估中逐步完善的诀窍与技巧。我们将这种基于证据的临床治疗分解成各个部分，并向你介绍一些有助于孩子更加井然有序的工具。除了分享使孩子做到整洁有序时可能经历的步骤，我们还将告诉你们使孩子保持整洁并鼓励他们战胜第 3 章中描述的小捣蛋鬼的最佳方法。

整理技能训练计划

我们在整理技能训练计划的临床试验中和对孩子及其家人进行的所有临床研究中了解到，父母的参与是帮助孩子学会新的整理技能的关键。在临床治疗中，每个治疗环节都需要父母参与，当孩子在家中运用新的保持整洁有序的技能或者采用一些固定程序时，要由父母进行提示、监测、表扬和奖励。我们会在第 5 章中讨论，运用在我们的研究中同样奏效的程序，你可以怎样支持孩子运用整理物品、管理时间和制订计划的技能。我们发现，老师的参与同样重要；在临床试验中，我们请老师提示、监测、表扬学生在校园里运用整理物品、管理时间和制订计划技能的情况。第 6 章将帮助你想些办法，让孩子的老师参与进来，支持这些技能的使用。

整理技能训练的治疗方案是按逻辑顺序来组织的，也就是说，先从基本的整理技能开始，逐步转向更复杂的技能，并且在支持的框架中逐步培育孩子的能力。我们根据在整理技能训练的临床试验中被证明有效的同样原则来组织本书的内容。首先建议你和孩子遵循一定的顺序，遵守各个步骤来培养整理物品、管理时间和制订计划技能，不至于因为速度太快而让孩子感到无法接受和适应。记住，如果你想让孩子解决在某个艰难的或非常不愉快的方面出现的问题（比如，想让孩子变得更加有秩序），就一定要保证孩子有机会成功。如果一开始步子迈得太快，指望孩子一下子就能完成抽象的整理任务（比如计划），那么注定使他遭到失败，也使整理技能训练计划无法成功。相反，如果你每次只让孩子熟练掌握一项基本技能（例如将各种纸片分类并保存），那么孩子将更乐意尝试你介绍的下一组技能，也做好了相应的准备。

这正是整理技能训练计划首先从较为简单的技能开始，然后培养更复杂技能的原因，也是我们在第3章中警示你们不要跳跃太快的原因。跳过那些"较小的"步骤（在本书第三部分的前几章中描述）并直接转到更为复杂的技能，可能剥夺孩子早期的成功体验，使他无法学会执行更复杂整理任务时必需的基本技能。

在治疗过程中的技能训练部分，家长可以首先从孩子记录作业内容的方法开始，以便掌握每天晚上要做些什么。只要孩子对晚上的作业十分确定，接下来就让他们能够找到做作业时需要的纸张、书本以及其他学习资料，再接下来就是培养收拾各种物品的技能。掌握家庭作业的详细情况，并且准备好了做作业需要的学习用品和资料，是管理时间中的一些基本步骤；孩子学会这些技能后，便可以重点关注与管理时间相关的其他技能，包括将任务融入日程安排表中，避开那些浪费时间的令自己分心的事情，等等。以上描述的所有技能都是有效制订计划时需要的，因此，只有在孩子学会了怎样记录家庭作业、收拾学习用品、管理时间之后，才可以引入为学习任务制订计划。

在第三部分的每一章中，我们都将提出一些建议，帮助你确定孩子什么时候准备好了转向下一项技能，使你能以合理的步伐在整理技能训练计划中向前迈进。此外，在第5章中，我们将讨论另一些方法来支持孩子熟练掌握保持整洁有序的新的固定程序。怎么支持？通过提示、监测、表扬和奖励孩子的积极行为来支持。

支持孩子完成学校整理任务的步骤概述

记录作业的内容

第7章重点关注有助于孩子记录学校作业的诀窍与技巧。你将了解如何帮助孩子使用一个简单而有效的工具，以记录每天的作业以及完成这些作业需要的学习用品和资料。此外，你将学习如何支持孩子在日程表上记录即将到来的考试日期和长时作业的截止日期。这些固定程序有助于孩子更好地做好准备，去完成每天必须完成的作业以及在更长时间内需要完成的学习任务。孩子升入初中，知道如何记录作业内容尤为重要；在保持整洁有序方面存在困难的学生容易忘记截止日期，导致记不住一系列的时间期限，而这增大了孩子的学习压力，也加剧了他们与父母和老师的冲突。

整理物品

第 8 章重点关注整理纸张、书本以及收拾学习空间的方法。我们会介绍一些策略来帮助孩子练习新的方法，以整理和清理纸张，并使用一份简易的清单来高效地整理书包。我们还会介绍一项推荐的固定程序来帮助孩子收拾和整理学习空间，以便孩子把所有需要的学习用品和资料摆放整齐，并把各种令他们分心的物品收起来。这项日常事务与整理物品相关，将帮助孩子在上学和放学时带齐所有需要的东西，并且在整理学习空间方面变得更加高效。

管理时间

第 9 章着重探讨完成每天的家庭作业需要的至关重要的管理时间技能。在这一章中，我们将分享一些秘诀，帮助孩子学会如何估计完成任务所需时间，以及怎样决定什么时候将学习任务与个人的时间安排表结合起来。如果孩子难以判断时间和计算消逝的时间，我们还会介绍一些指导原则，提供相应的材料，帮助你支持孩子培养这些基本技能。除此之外，我们还讨论了你可以怎样通过辨别并采取措施管控那些令孩子分心的事情，以支持孩子控制"时间大盗"。如果你遵照这一小节中概念的各个步骤，孩子应当能够更好地估计特定的任务需要多长时间，并制定一个合理的课后活动时间表，使自己在课余时间既能适当地学习，又有时间玩耍。我们将讨论，你通过参加每天的会议和奖励孩子优秀的时间管理技能，怎样帮助孩子使用这些安排时间的技能。

制订计划

最后，在第 10 章中，我们将提到制订计划。随着孩子慢慢长大，必须着手解决时间跨度更长和步骤更多的学习任务，制订计划变得尤为重要。如果你曾经不得不陪孩子一起在某个重大学习项目即将到期的前一天晚上熬夜，和他一起把文献目录打印出来，或者在最后时刻将科学立体模型粘起来，那么你一定知道计划有多重要。我们将帮助你理解优秀计划的不同组成部分：将任务分解成主要步骤，对这些步骤进行排序，找到必要的资料与用品，将这些步骤融入日程安排表中，以便整个任务能够按时完成，以及检查作业是否整洁、完整。我们将讨论，通过运用每天的任务计划会议，你可以怎样提示孩子使用这些不同的组成部分，还将探讨如何强化孩子计划学校作业的能力。

支持孩子在家保持整洁有序的步骤概述

在本书的第四部分中，我们会分享一些帮助孩子在家保持秩序的诀窍与技巧。学校并不是要求孩子保持整洁的唯一场所。随着孩子渐渐长大，整理物品、管理时间和制订计划的技能有助于他们在家里更加独立。有时，你可能觉得自己不得不耗费半天的时间，不停叮嘱孩子收好他的东西，按时做好准备，把体育用品收起来，无须你经常提醒就做家务，或者在举行活动之前事先做好计划。你原本不必这样！在适当工具的帮助下以及在具体的指导下，孩子可以学会留意他的时间表，保管好他的物品，完成每天的任务，事先做好计划，以便你不必为他做所有这些事情。记住，在培养特定的家庭整理技能时，你需要参照第三部分的做法，同时也参照第四部分的秘诀。

转向下一章

那么,你在阅读第三部分和第四部分的过程中要做些什么呢?第 5 章将介绍你将要采用的固定程序的详细情况,但基本上你可以这样来预料自己要做的事情:在行为记录表上列举一些目标,事先规定孩子每天表现出的每种行为能挣得多少积分。把这些积分累加起来,孩子便能赢得一些奖励,以便不断激励自己。你还要密切关注孩子哪段时间一连几天成功地完成了每一项保持整洁有序的任务,只有在这个过程之后,你才能认定他已经熟练掌握了那项技能,进而转向新的目标。为了确保孩子成功,我们在本书中介绍了一些实用的工具和指标,用来向孩子提示期望的行为,表扬他出色的成就,奖励他取得的进步。

第 5 章
用提示、监测、表扬、奖励来激励孩子

在这一章中,你将学会如何:
- 激励孩子以更加井然有序的方式完成学校和家里的各种任务。
- 使用经过研究检验的行为管理策略,增加孩子持续不断地运用整理技能和固定程序的机会。
- 确立与孩子合作的基调。
- 清晰阐述你的期望。
- 提示孩子运用特定技能。
- 通过表扬和奖励孩子的行动,强化积极行为。

每个周总有几个晚上,三年级学生梅根会忘记把她的笔记本和资料夹从学校带回家,她的老师开始向家长忧心忡忡地说,梅根有几次没做完家庭作业。梅根妈妈决定自己来处理这件事情,一天傍晚,她和梅根坐下来讨论怎样让梅根做事更有条理。妈妈解释了在放学之前检查书本和资料夹的重要性,并且建议梅根每天离开学校之前检查自己的书包,确保把做家庭作业需要的所有学习资料都带齐,然后再回家。她和梅根甚至一同想出了一个很好的主意来帮助梅根记得这件事:在书包拉链上绑一个浅粉色的钥匙圈,以提醒梅根在离校之前检查做家庭作业需要的学习资料。然而,在她们想出这个办法仅仅两天之后,梅根回到家时,就又发现自己把家庭作业的资料夹放在学校了。梅根妈妈失望至极,感到十分失败；这么简单的事情，梅根怎么能忘记呢？为什么这种方法还是没能奏效呢？

***

傍晚 7：00，德里克正坐在沙发上，和妹妹一起玩视频游戏。他说自己一个小时前就做完家庭作业了。德里克的妈妈走到书房，发现德里克把已经做完的数学计算题放在书桌上，计划簿扔在椅子上，书包丢在地上，装家庭作业的资料夹则堆放在一个奇怪的角落里。她来到楼下，厉声要求德里克立即上楼去把他的东西收好。德里克懊恼地踏着沉重的脚步走上楼，心里不停地埋怨妈妈唠叨。

如果你买了本书来读，那么很可能也在自己家里经历过类似这样的情景。尽管经历的情节或许不同，但主题大体一样：孩子难以完成或大或小的保持整洁有序的任务，父母的反应则是失望、失败和（在经历了多次失败，心中积累了太多失望后的）愤怒。孩子也很生气，觉得父母的训斥伤害了他们，所以根本没有动力想着下次把事情做好，甚至感到失败和毫无希望。

正如我们在第 2 章中讨论过的那样，要想改变孩子（其实大人也一样）根深蒂固的习惯或行为，并非易事。如果你想让自家孩子变得更加整洁有序、做起事来井井有条，不能只告诉他要怎样改变做法，还要在他改变的过程中持续不断地加以支持和引导。

巩固成功做法

不要指望简单地告诉孩子改变做法就能神奇地改变他的行为。孩子必须在你的提示和表扬下反复练习新的整理技能，才能做到经常运用那些技能。

为什么提示、监测、表扬和奖励对孩子有帮助

你在帮助孩子学习新的技能时,牢记第 2 章中简要介绍的四个关键步骤,可以最大限度地取得成功。这四个关键步骤是:提示、监测、表扬和奖励。孩子要学会一种新的行为,就要了解什么时候做出这种新的行为,以及要遵循什么步骤。你可以在合适的时间清晰地提示他,帮助他了解上述内容,还可以密切监测他做出这种新行为时的表现,并在他真正做出这种新行为时提出表扬和奖励,以此来帮助他。如果你表扬孩子的积极行为,他可能将来还会做出这种行为(寄希望你又一次对他竖起大拇指)。此外,当你给予孩子实实在在的奖励时,孩子将记住做出这种行为带来的积极结果,更有可能将这种行为融入他的日常生活中。

设定基本规则

不用怀疑,在养育孩子的过程中,你了解到的一条最重要的经验是:孩子渴望有条理。这适合整理技能的学习以及照顾孩子的其他方面。对于日常的任务来说,如果你事先明确阐述期望的步骤、规则和行动,那么会对孩子帮助极大。一般情况下我们建议,为了确定固定程序(比如完成家庭作业、早晨做好出门准备、晚上的睡前惯例,等等),父母要为孩子的行为制定具体规则和指导原则,并把这些期望写下来,以便孩子能够经常参考。

制定一些具体的、白纸黑字写下来的规则,能大大减少对孩子唠叨,以催促他完成日常任务。这也减少了你与孩子之间围绕为什么没有遵守规则便不能获得奖励而展开的争论。你可以简单地指出你们俩正在争辩的规则。如果德里克妈妈制定了一系列家庭作业规则,其中包括对最后一步的要求:"把做家庭作业时用到的所有学习用品和资料收进书包",那么她可以让德里克自己看看那些张贴出来的规则,而不是对他唠叨,便可促使他完成最后的步骤。

对于那些难以保持整洁有序的孩子,给他一份写好的家庭作业规则清单尤其重要。和孩子一同制定这些规则,使他觉得规则是他自己制定的,

同时邀请孩子来给这些规则加上图画或做些装饰，又或者用花哨的字体把规则打印出来。当然，在决定清单上应当有哪些规则时，你有最后的发言权。但我们发现，在询问孩子哪些规则对他们最有效时，他们令人惊讶地对自己异常严格。在这里，我们示范了一段简单的对话，帮助你在与小学或中学年龄段的孩子共同制定家庭作业规则时与他交谈，但首先，说到孩子应当怎样做好家庭作业，考虑下面这些因素是明智的。

1. 什么时候？ 假如孩子一周中每天的安排各不相同，你要么可以制定一条针对每天晚上的规则，要么为每一天制定不同的规则。别忘了规定每周周末的家庭作业应当在什么时候完成（例如，周六上午或者周日下午）。

2. 在什么地方？ 做家庭作业的最好地方，完全取决于孩子以及家庭的情况。有些孩子舒服地躺在长沙发上做作业时，更能集中精力；另一些孩子喜欢在书桌上做作业。有些孩子在周围稍稍有些嘈杂的环境中能够很好地做作业（比如在厨房洗手台上做），另一些孩子则要在没有任何声音的环境中做作业（因此，最好是让他们在自己的房间里做）。通常情况下，相对不受干扰的地方是最好的，同时，这个地方还应当方便孩子拿到做作业需要的各种基本用品和资料，如电脑、纸张、铅笔、记号笔等，诸如此类。

3. 孩子还可以做些别的什么？ 这方面的规定要尽可能具体。可以考虑听音乐（有些孩子能够边听音乐边做作业，另一些则不行）、看电视、发短信、发电子邮件、查看社交媒体账户、上网浏览、玩玩具、和兄弟姐妹说话等。

4. 如果孩子有问题要问，怎么办？ 你习惯孩子做作业时向你提问吗？或者，你是否更喜欢让他首先独立完成作业，等到全部做完后再来一并提问？又或者，你是否愿意过段时间就检查一下（比如，每隔15分钟），并且只在你检查的时候才回答他的问题？你是否允许孩子与他的朋友联系，以寻求帮助？要再次强调的是，你制定的规则，对你自己来说应当也是合理的：考虑你自己是否有时间关注孩子的作业、孩子的学习风格（有些孩子在做作业时不能走来走去，感觉他们"像钉子一样钉在椅子上"，另一些孩子则更喜欢走动一下）、孩子的年龄以及智力水平。

5. 家庭作业应当在什么时候完成？ 想一想孩子通常花多长时间做作业，也考虑你自己每个晚上必须完成的事项。明确地表达你希望孩子每天晚上什么时候做完作业（例如，"家庭作业要在19：00前完成"）。如果你不太清楚孩子应当花多长时间来做作业，我们在第9章中提供了一些秘诀和工具，帮助孩子估计要花多长时间。你要确保家庭作业规则尽可能具体；因此，如果每天晚上应当在1个小时内做完作业，但孩子第二天要考试或者必须提交一份重要的报告，那么就可以增加一些时间。把这些都明确写在规则中。

6. 还有别的吗？ 你是否还想增加一条规则，规定孩子在做完所有作业后，必须把做家庭作业的所有学习用品和资料收回书包中？或者规定必须由父母（或者其他大人）检查所有的作业？

家庭作业规则应当明确阐述你的所有期望，以便孩子知道，想要漂亮地完成这项固定程序，他到底要做些什么。

建设性的谈话

父母：你是知道的，你第一天到学校上学，老师就会和你们一同制定"班级规则"，对不对？我想，如果我们列出一份家庭作业规则的清单，一定会很有帮助，这能使你非常清楚在家做作业时，到底需要做些什么以及怎么做。

孩子：为什么需要这样的规则？我知道要做什么啊，把家庭作业做完呗！就这么简单。

父母：是的，这当然是我们的目标。你应该每天晚上做完家庭作业。但有些时候，我们到最后会围绕你认为实现这个目标都有些什么步骤而争辩一番，比如，你是不是可以边写作业边看谁给你发了短信，做作业的时候可以休息多少次，遇到一个特别的数学题时怎么办，类似这样的事情。如果确定几条咱们都遵守的规则，可能有助于你更顺利地做完家庭作业。

孩子：我想是吧……

父母：那么，让我们想想什么是合理的规则。首先来谈谈时间。你觉得每天晚上什么时候开始做家庭作业是合理的呢？

孩子：嗯，那要看情况。我放学后要参加游泳队训练的时候，到家是17：30，还要吃完晚饭，所以18：00之前不可能开始做作业。

父母：对，但其他的日子可以早点开始。我知道，你每天到家后想放松一会儿，大概半个小时时间，那是合理的。这样吧，我们就规定你在放学回家半个小时后开始做作业，也就是说，平常的时候大约是16：00，参加游泳队训练的那天，大约是18：00。现在，我们要谈谈你应当在什么地方做作业。

孩子：唔，对我来说，只要是我喜欢的地方，哪儿都行，但有的时候，当我在厨房洗手台上做作业，家里人进进出出时，我更难集中精神。

父母：说得很好！你房间里有张书桌。我们试着采用新规则，让我看看你能不能每天晚上在自己的书桌上做作业吧？

孩子：好的。但是，我做作业要用到的所有学习用品，包括钢笔、记号笔、胶水等，都在楼下，所以在书桌上写作业有点儿不太方便。

父母：有道理。我会买些别的东西回来，和你一同布置下你的书桌，使你能方便地从那里拿到需要的学习用品。但如果你在自己的房间做作业，我们还要制定一条规则，规定你在做作业时能做什么、不能做什么，因为你知道，所有的玩具都在你的房间，有可能你在做作业的时候，很想去玩一下。

孩子：好的，要么我们规定"做家庭作业时不准玩其他的东西"，或者类似这样的规定，您觉得怎么样？

父母：很好。这样的话，如果我来看你，结果发现你在玩乐高玩具，我就会提醒你记得这条规定。

制定非常适合你家并包含各种情况的家庭作业规则，可能是件复杂的事。一般情况下，我们在和孩子的家人合作时，会帮他们草拟一系列规则，让他们试着使用一两周，然后帮他们在必要时进行修订，以确保规则既包括了各种行为规定，又恰如其分。规则实施一段时间后，你也许发现必须进行修订了；只要你和孩子明确地讨论过，那么修订就是可以的，然后把修订后的内容重新写下来。最后还要记住的是，规则并没有"对的"或"错的"之分。只要你制定的规则清晰、具体，并反映了家人的期望，就可以作为孩子积极行为的有效指引。

积极的提示

使用这本书，你将向孩子传授在特定情形下，需要用到保持整洁的技能时如何运用它们。例如，你可能让孩子在上学之前先检查他的书包，确保那天要带的所有学习用品都带齐了。不过，没有哪个孩子听到这句指令后，自此以后会突然开始每天都检查自己的书包。你需要提示孩子来做这些事，特别是在他学习某项新技能的最初几个周内提示。怎么来提示？很简单。

1. **走近孩子**。不要隔着房间大声叫喊；孩子更有可能装作没听见，使你浪费一次提示。

2. **引起孩子注意**。例如，进行眼神交流。

3. **一次要求一件事情**。如果你一次性给了孩子多个提醒，他很可能至少忘记其中的一个。

4. **明确**。"把你的资料夹收到书包里。"（而不是只说"收拾"。）

5. **运用积极的、鼓励的语气**。即使你由于孩子难以完成某项整理任务而倍感失败，我们也能理解，但在提醒孩子时，要尽最大努力克制自己，不要将那种失败感表露在你的语音语调之中。

6. **别再唠叨**！当你对孩子唠叨时，特别是为了你之前已经讲过的事情而唠叨时，孩子很有可能在听了五六次之后就完全不再听了，或者在心里想："妈妈/爸爸又在抱怨了。"

7. **把握现在，忘掉过去**。"把你的家庭作业收到书包里。"（而不是说

"让我看看你今天是不是记得收拾你的东西，不像昨天一样。"）

随着孩子对某项特定的保持整洁有序的任务越来越适应，他需要的提示也会越来越少。但是，在你注意到孩子的行为确实有了改变之前，先不要逐步减少提示的次数。如果你每天都提示孩子收拾书包，那么看到孩子在自发地收拾书包，走过去检查一下，看他是否把所有学习用品和资料都收进书包了，假如是这种情况，你才可以减少提示的次数。这或许需要几周，到那时，可能你只需隔一个晚上提醒一次，然后减少至隔三个晚上提醒一次，再然后减少至一周提醒一次。最后，假若你不再提醒孩子，他也会继续毫不间断地运用这种技能，那就完全不用提醒了。

针对年龄稍大的孩子的秘诀

等到孩子接近上初中的年龄以及更大一些时，提示可能变得格外复杂。随着孩子长大，他们通常认为大人的提示是在唠叨，不论你多么努力地使语音语调保持中立而且积极。怎么办？一种办法是和年龄日渐增长的孩子探讨，他希望你怎么提示他。首先解释为什么提示很重要：让孩子知道，你提示他做某件事时，并不是想唠叨或批评，而是想给他一个有益的提醒。和他讲一讲，你自己在学习某项新任务时，别人的提醒对你多么有帮助（例如，朋友提醒你，记得在拼车日去接孩子，因为平时你都不会这样做）。接下来问孩子，你可以怎样以一种最有帮助也不唐突的方式来提醒孩子完成收拾自己东西的任务。孩子是不是更喜欢你把提示写下来或者发一封电子邮件，而不是大声喊出来？你是不是每次可以用一些特别的措辞（例如，"检查家庭作业清单"或者"事先制订好计划"），既让孩子知道你的期望，又不会觉得你只是丢下这么句话便再也不管了？在你家里，谁来提醒孩子最合适，是你、你家保姆，还是你的配偶？只要这种方法适合你和孩子，就没有"对的"或"错的"提示。年龄稍大些的孩子也许还会告诉你，他什么时候掌握了这项新技能，这样的话，你便知道自己何时可以渐渐地减少提示次数了。

建设性的谈话

这里有"优秀"提示的几个示例。

"请把你的书收进书包里。"

"是时候开始做作业了。把桌子上别的东西清理干净,做好准备吧。"

"让我们想想今天的日程安排。你觉得你会花多长时间做完家庭作业?"

"看看时钟。你还有 15 分钟时间,然后我们就得去练足球了。我想让你在我们出门之前把这页的其他数学题做完。"

"记得遵守家庭作业规则,完成好清单上的所有作业。"

"看看第 6 条规则:做家庭作业时不能听音乐。"

娴熟的监测:家庭行为记录表

用图表唤起孩子对行为的关注。追踪观察孩子什么时候、以什么方式运用某项技能,是激励他继续那种良好行为的关键。我们发现,最好是使用一张手写的图表,并把它挂在你家里某个显眼的地方(例如贴在冰箱门上、告示板上或者孩子的书桌上方)。我们在对家庭和孩子的研究中发现,图表使父母和孩子都更加关注讨论中的行为,因此是激励孩子改变行为的重要的第一步。有时候,我们很难注意到孩子某一周中有两天记录了作业,下一周有三天记录了作业,再下一周记录了四天。他忘记记录作业的日子,在图表上通常一目了然。用图表来追踪观察,有助于所有人都更加留意孩子缓慢而稳定的进步。

我们制作了一张名为家庭行为记录表的表格(见表 5-1),以帮助你监测孩子运用保持整洁有序的技能和固定程序的情况,你在仔细阅读第三部分和第四部分的各章内容时,将会引入这些技能和程序。如果你清晰、具体并且积极地提示了孩子,便可以使用家庭行为记录表来记录孩子技能的使用情况和例行程序的执行情况，用以监测他是否坚持了练习，以实现那个目标。每天运用这张表，将是你在帮助孩子完成整理技能训练计划时最重要的工作。你应当每周为孩子制作一张新的家庭行为记录表，其中列举五个目标（例如"把所有作业写到计划簿中""书包里没有散落的纸张"，以及其他三个目标）。你还应当每天留出几分钟时间，和孩子一同坐下来，奖励他一些积分。

在第7章，也就是第三部分的第一章，我们将为你提供第一份家庭行为记录表中可用到的五个目标。到第1周的周末，看一眼家庭行为记录表，了解孩子在每个目标上的进展情况如何。在第三部分每一章的结尾处，我们将提供一个"熟练掌握标准一览表"，也就是一些具体目标，表明孩子真正学会并且牢牢记住了某一特定技能，准备将那一目标从家庭行为记录表中划掉，并在它原来的位置上增加新的目标。如果孩子已经娴熟地掌握了任何一个目标，祝贺他，并开始向他传授第三部分中阐述的下一项技能。在下一周的家庭行为记录表上，将孩子已经娴熟掌握的目标划掉，用你要教给孩子的另一项新技能来替代。如你在第7章中将看到的那样，对于很多目标，孩子只要两周时间便能熟练掌握，因此，如果孩子第2周的家庭行为记录表与第1周的看起来基本相同，不要大惊小怪。

在阅读第三部分和第四部分的每一章时，每当你向孩子介绍新的技能时，我们都会提示你向家庭行为记录表中增加特定的行为。一旦孩子能够非常稳定地在某个特定目标上赚得积分（也就是达到了第三部分中的熟练掌握标准），他就可以从那个目标上"毕业"了。你可以将孩子娴熟掌握的每一个目标从记录表中移除，开始着力培养新的技能，并在那个空出来的位置上增加建议的新目标。采用这种方式，我们将引领你完成一个学习计划，它不但能帮助你向孩子传授新技能，还能通过坚持这种适当的监测来激励孩子取得成功。

表 5-1 家庭行为记录表

提示、监测、表扬和奖励的目标

当孩子某天达到目标时,每达到一个便给他 1 个积分。每天最多可以积 5 分。

行为	第1天	第2天	第3天	第4天	第5天	第6天	第7天
目标1:							
目标2:							
目标3:							
目标4:							
目标5:							
总分(5个目标):							
本周总得分:							

资料来源:*The Organized Child* by Richard Gallagher, Elana G. Spira, and Jennifer L. Rosenblatt. Copyright © 2018 The Guilford Press.

强有力的表扬

你的关注以及支持对孩子来说极为重要，尽管有时候看起来并不是这样。孩子会想方设法赢得你的积极关注，而且会在你表扬时重复那种行为，尤其是你运用了有针对性的表扬时。

运用"贴了标签的"表扬。 当孩子做好了某件事时，运用"贴了标签的表扬"让他知道他到底做好了什么事情。例如，不要对孩子说"你最近做得很好"，而是对他说"你这周每天都按时做好了上学的准备。很棒！"。在某项活动开展期间运用这种"贴了标签的表扬"，有助于孩子持续关注重要的方面，并且让他知道，将来重复这种行为，需要采取什么步骤。下面方框中的指南，将引导你运用"贴了标签的表扬"。

确定你的表扬风格。 真诚的、具体的、热情的表扬，将增强孩子继续以积极方式做事的动力。你不必尽说些好听的话，也无须假装；只要运用你自己的风格和措辞来表扬孩子，并且表明你喜欢孩子做哪些事情就可以。在你对孩子说你喜欢他的行为时，只要你是真诚的、积极的，表扬就会有效。

用"贴了标签的表扬"使孩子保持正轨的指南

- 经常给予孩子"贴了标签的表扬"，特别是当孩子学习新技能时。
- 关注和表扬与目标相关的微小行为。例如，"你每次只要一做完家庭作业，就把它们收起来，这样确保了你可以在自己的资料夹中找到所有的家庭作业。真是个好主意！"
- 运用你自己的风格。你不必成为啦啦队长，一刻不停地欢呼。只需表现得有些兴奋就可以了，但不要装得像是个完全不同的人。
- 有时候，简单地说一句"谢谢你"，也会大有裨益。
- 在表扬孩子的过程中，不要关注微小的不当行为。

注意孩子的反应。 有的孩子在受到表扬时很不自在。如果你家孩子也是这种情况,你可以只是指出孩子的所作所为非常好,感谢她,或者表示你将在家庭行为记录表上给她积 1 分。例如,"你今晚把所有作业都写到计划簿上了!我会在家庭行为记录表上给你积 1 分。"

针对年龄稍大的孩子的秘诀

青春期前的儿童,特别是青少年爱在受到父母的表扬时翻白眼,这一点已经广为人知。但通常情况下,他们常常内心欢喜。

巩固成功做法

假如你不确定孩子如何回应表扬,试着做这个试验:给予孩子真诚的表扬,但不要关注他在口头上如何回应你。相反,注意观察他在接下来一周是否重复你表扬过的行为。如果他确实重复了这种行为,那么可能是你的表扬起到了作用。

建设性的谈话

"贴了标签的表扬"听起来是以下这样的。

"干得好!你检查过了,确定所有的书本和试卷都放在资料夹中了。"

"不错,你为了做家庭作业,先整理了书桌。"

"哇!你把所有东西都收到包里了。"

"好样的。你的家庭作业是什么,你都一清二楚了。"

"太棒了,你已经在作业表上列出了所有的家庭作业。"

"谢谢你。你帮忙把玩具都收到这个储物箱里了。"

用奖励来强化

表扬是宝贵的，但在孩子运用新的技能时给予适当的小小的奖励，可以鼓励他持续运用新的技能。由于孩子是具体的思考者，所以奖励带来了让孩子亲身体验的、很宝贵的强化，帮助他们认识到，特定的行为与积极的结果之间是有联系的。不论孩子会不会有动力保持书桌整洁或在学校取得高分，但如果当他完成作业便能多看一会电视时，他便可能会有动力先把作业做完。别担心这样"贿赂"孩子。即使孩子只为了赢得奖励而把作业记录下来，而不是由于他神奇地接受"保持整洁有序是一项宝贵生活技能"的理念而记录作业内容，最终的结果都是一样的：孩子将学会如何以更加秩序井然的方式管理日常任务。

制定积分与奖励的细则

在整理技能训练计划中，我们引导父母制定一份与家庭行为记录表相关的积分与奖励细则，以便对孩子的良好表现持续给予适当奖励。这份细则非常简单，而且我们发现它十分管用：孩子每天由于表现出了记录表中列举的保持整洁的行为而挣得一些积分，父母根据积分的数量给予奖励。这种奖励细则基于标准的行为管理方法，事实已经证明，这些标准的行为管理方法在激励孩子改变行为的过程中是有效的。你也许试着采用过类似方法，却发现它们不管用，或者久而久之便失去效果。我们还为大家提供了"巩固成功做法"，有助于你制定出最有可能适合自己的细则；我们同时还会提供一份用于解决常见问题的"问题解决技巧"。

每天和每周的奖励。考虑在每天结束之时给予孩子小小的奖励，并在每个周末给予较大的奖励，奖赏他持续不断地运用保持整洁有序的技能。每天的奖励使孩子天天都有兴趣做出特定的行为；这对年幼的孩子来说尤其重要，他们对即时的奖励反应最为热烈。每周的奖励帮助孩子保持日积月累做出这种行为的兴趣，同时告诉他，继续努力下去，就能获得更大的奖赏。

这种奖励细则对难以保持整洁有序的孩子来说格外有益。有执行力障碍的孩子，通常更容易对短期奖励产生直接回应，对长期回报则无动于衷。由于好成绩是一种长期回报，因此这些孩子常常没有太大的动力去提高成绩。这套奖励细则做了一些重新安排，这样孩子可以努力实现一个小目标，并在当天得到奖励，而不是被告知说，要努力去实现某个大目标，等到记分期结束时再给予无形的奖励。

巩固成功做法

如果你家的日程安排非常紧张，无法每天奖励孩子，那就一定要天天都在家庭行为记录表上给孩子积分（并且表扬），同时持续不断地每周奖励孩子（关于辨别恰当奖励的更多信息，参见以下内容）。

积分办法。家庭行为记录表通常列举了需要孩子追求的五个具体目标，因此，孩子每天最多可以挣到 5 个积分。你要根据你和孩子在特定时间正在着力培养的技能来选择孩子需要追求的目标。在第三部分的每一章中，我们将向你建议特定的目标，引导你在实施整理技能训练计划的过程中将这些目标添加到家庭行为记录表中。当孩子每天都表现优秀（也就是说，赢得 5 分中的 3 分）时，你要每天奖励他，而且要为杰出表现（例如，至少赢得 5 分中的 4 分）追加特定的奖励。

每日和每周奖励"菜单"。在下页，你会看到一个每日奖励"菜单"示例，它举例说明了第 1 级和第 2 级的奖励可以是什么，两个级别的奖励分别对应优秀的和杰出的表现。对于每周的奖励，你还应当在奖励"菜单"上明确区别两个级别；在孩子挣得每周 60% 的总分（即挣得 25 分中的 15 分）时给孩子第 1 级奖励，在孩子挣得每周 80% 的总分（即挣得 25 分中的 20 分）时给孩子第 2 级奖励。参见下面的每周奖励"菜单"示例。

> 🍬 **问题解决技巧**
>
> 你会发现，在有些日子里，家庭行为记录表上的目标不适用（例如，当学校没有布置家庭作业时，这一天"遵守家庭作业规则"的目标便不适用）。在这种情况下，如果孩子挣到了 60% 的可能积分，就给他第 1 级奖励（当天不适用的任务除外）；如果孩子挣到了 80% 的可能积分，就给他第 2 级奖励。每周奖励同样如此。

每日奖励"菜单"示例

第 1 级奖励

15 分钟的听音乐 / 玩电子游戏时间

15 分钟外出打球时间

15 分钟玩电脑 / 平板电脑时间

第 2 级奖励

30 分钟的听音乐 / 玩电子游戏时间

30 分钟外出打球时间

30 分钟玩电脑 / 平板电脑时间

对于制定了五个目标的家庭行为记录表

第 1 级：若孩子一天挣得 60% 的分数（挣得 5 分中的 3 分），就可以使用这个级别的奖励。

第 2 级：若孩子一天挣得 80% 的分数（挣得 5 分中的 4 分），就可以使用这个级别的奖励。

> **每周奖励"菜单"示例**
>
> **第 1 级奖励**
>
> 下载一部电影
>
> 在最喜欢的餐馆吃早餐
>
> 和爸爸一起在公园骑自行车
>
> 花 2 美元购买歌曲或 App
>
> **第 2 级奖励**
>
> 在电影院看一场电影
>
> 到动物园玩
>
> 打一场保龄球
>
> 花 5 美元买数字音乐 / 游戏
>
> **对于制定了五个目标的家庭行为记录表**
>
> 第 1 级：若孩子一周挣得 60% 的分数（挣得 25 分中的 15 分），就可以使用这个级别的奖励。
>
> 第 2 级：若孩子一周挣得 80% 的分数（挣得 25 分中的 20 分），就可以使用这个级别的奖励。

谨慎分配积分。在言语上对孩子和蔼、大方，并且给予鼓励，但在积分和奖励上要十分严格。一定要只在孩子合理地、完整地挣到了规定的分数时才给予奖励；不允许孩子围绕你们已经一致同意的限制再来重新协商。（很多孩子精于此道！）如果留下任何的灰色地带（例如，当孩子发誓说她把作业记下来了，却忘了带作业记录表回家，但你也给孩子积分），会怂恿孩子对是否应当获得奖励而和你争辩，并且试探你的态度，看他在赢得奖励时还有怎样的回旋余地。

确定适当的奖励。奖励必须用来激励孩子，由于每个孩子的兴趣各不相同，因此一定要让孩子参与奖励"菜单"的制定。如果孩子看起来对挣积分没什么积极性，或者明显改变了他的兴趣爱好，那么过了几周，你就要轮换或更改奖励"菜单"上的项目。在下一页，你将看到一张表格，可以用表格中的问题来引导你和孩子探讨什么样的奖励最有吸引力，并且借鉴表格中的问题将奖励归类到"十分宝贵"（第2级）和"较为宝贵"（第1级）的类别之中。

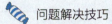问题解决技巧

你是不是担心奖励可能产生的成本？有些父母害怕经常给孩子奖励，到头来会花一大笔钱。用于强化孩子保持整洁有序行为的奖励，绝不能花太多钱。事实上，让孩子可以参与一些活动或给他一些权利，对他来说可能比值钱的奖励更宝贵。

选择奖励的建议

以下一些建议有助于我们与父母一同选择合适的奖励。

1. 是否考虑和限制孩子当前"免费"获得的某些权利？例如，许多孩子每天都使用电子设备（电脑、iPod、平板电脑、智能手机、Wii、Xbox、电视，等等），并且十分看重他们能玩这些设备的时间。你可以稍稍改变涉及使用电子设备的规则，以便孩子能挣得更多的玩电子设备的时间，当然，这必须取决于他在家庭行为记录表上赢得的积分。该怎样制定这些规则，取决于什么规则适合你家的情况。有些父母发现，他们的孩子在刚刚放学时需要放松半个小时，看个电视节目或者玩一场游戏，然后再开始做家庭作业。对这些父母来讲，下面这种做法是有道理的：使孩子的第一个电视节目或游戏时间"免费"，然后，当孩子还要看电视或者玩其他电子设备时，就要要求他挣到家庭行为记录表上的最低积分，才能有额外的时间。另一些父母可能规定，只要涉及电子设备，所有的时间都必须靠孩子自己挣。这方面的规定没有对错之分，只是一定要考虑什么奖励细则适合你家的情况，再着手制定。

制定奖励"菜单"时的问题

1. 孩子在空闲时间喜欢做什么?

活动	孩子多久参加一次这种活动	孩子是免费参加这种活动吗(也就是说,不需要"挣得"参加该活动的权利)	给孩子有多么看重这项活动评分(1分代表根本不在乎,5分代表非常看重)

2. 孩子喜欢玩什么玩具或者用什么别的物品?

玩具或其他物品	孩子多久使用一次这件玩具/物品	孩子是免费使用这件玩具/物品吗	给孩子有多么看重这件玩具/物品评分(1分代表根本不在乎,5分代表非常看重)

3. 孩子喜欢哪种类型的户外活动?

户外活动	孩子多久参加一次这种户外活动	孩子是免费参加这种户外活动吗	给孩子有多么看重这种户外活动评分(1分代表根本不在乎,5分代表非常看重)

4. 孩子喜欢和谁一同玩耍?

玩伴	孩子多久和这个人玩一次	孩子是免费和这个人玩耍吗	给孩子有多么看重与这个人玩耍评分(1分代表根本不在乎,5分代表非常看重)

5. 孩子是自己收集任何物品，还是表现出了对收集物品的兴趣？

物品	孩子多久收集一次这种物品	孩子是免费收集这种物品吗	给孩子有多么看重这种物品评分（1分代表根本不在乎，5分代表非常看重）

6. 孩子有没有最喜欢吃的零食或者最喜欢去的餐馆？

食物或餐馆	孩子多久吃一次这种食物或者去一次这家餐馆吃饭	孩子获得这种食物或者到这家餐馆吃饭，是免费的吗	给孩子有多么看重这种食物或这家餐馆评分（1分代表根本不在乎，5分代表非常看重）

7. 孩子喜欢周末做什么（例如，和邻居家的孩子玩耍，或在朋友家过夜）？

活动/户外活动	孩子多久参加一次这种活动	孩子是免费参加这种活动吗	给孩子有多么看重这种活动评分（1分代表根本不在乎，5分代表非常看重）

资料来源：*The Organized Child* by Richard Gallagher, Elana G. Spira, and Jennifer L. Rosenblatt. Copyright © 2018 The Guilford Press.

2.如果你决定将玩电子设备的时间作为奖励，那么可以根据孩子玩自己选择的设备的累计时间来设定第1级和第2级的奖励（例如，15分钟玩平板电脑的时间为第1级奖励，30分钟玩平板电脑的时间为第2级奖励）。若是孩子真正想玩某种特定的电子设备或者其他玩具（比如，一款新的电子游戏），而且成本也合理，另一个可行的主意是给孩子购买这台设备或者这种玩具，然后将其放在"图书馆"中。这样的话，孩子在挣够了一定数量的积分时，就可以将这台设备或这种玩具从"图书馆"中取出来，在规定的时间内玩。

3.对孩子而言，如果他们喜欢为自己想买的东西而存钱的话，让他们有机会赚得少量的钱，也是一种奖励。另外，你还可以选择根据他们积分的数量，在电子账户中给他们存一些钱作为奖励。

> **问题解决技巧**
>
> 你制定的奖励细则能够持久吗？要确保你制定的奖励细则能够一以贯之地执行。如果你向孩子承诺了奖励，然后又不能坚持，你就将失去威信，孩子也不太可能接受这种细则。

如果你已经回答了为确立奖励"菜单"而提出的问题，却仍然难以想到该给孩子什么样的奖励，下面再介绍一些点子，它们对使用我们训练计划的父母来说很管用。

每天的奖励

- 与父母在一起的特别的时间（亲子共读、拼拼图、玩游戏、一同参加户外活动，等等）
- 玩电子设备的时间（孩子挣得的积分越少，玩的时间就越短；挣得的积分越多，玩的时间就越长）
- 手工艺术/绘画的用品
- 推迟15～30分钟上床睡觉（取决于孩子挣得的积分数量）

- 选择晚餐/甜点
- 骑自行车/外出玩耍的时间
- 不用做某项家务

每周的奖励

- 在餐馆吃晚餐或中餐
- 去公园玩/参观动物园/打保龄球/看电影/到其他特别的目的地
- 租一部电影看
- 在朋友家过夜
- 不用做某项家务
- 得到一件小玩具/收藏品
- 可以下载 App 游戏或者数字音乐
- 到一元店内买东西

管理奖励

如上所述，你怎样运用积分与奖励细则，将决定着它在激励孩子行为改变方面有多成功。对孩子运用这份细则时，你要把以下几条重要的秘诀牢牢记在心里。

1. 用"贴了标签的表扬"来给予孩子奖励。孩子应当准确地知道他为什么赢得了某种奖励。当孩子运用技能时，你要在家庭行为记录表上为他累计积分，同时要表扬他运用了这种技能。然后告诉孩子，因为他优秀的/杰出的表现，他可以从奖励"菜单"上选择一种奖励。

2. 不要将好消息与坏消息混在一起。当你由于孩子运用了家庭行为记录表上的保持整洁有序的行为而奖励他时，不要把孩子当天可能做得不好的事情提出来。如果孩子和他的兄弟姐妹打闹，你不得不因为这一行为而单独惩罚他，也绝不能把他完成了家庭行为记录表上的任务（例如，把作业记录下来、整理书包、按时完成家庭作业等）而赢得的奖励取消。与家庭行为记录表相关的奖励，应当和其他行为导致的奖励或惩罚分开，做到奖惩分明。

3. 始终如一，并且示范保持整洁的行为。用好奖励细则，不是件简单的事，特别是如今的父母整天忙忙碌碌，有太多的事情要处理。如果孩子使用了一项新的保持整洁有序的技能，你要奖励他，那就必须坚持用你与孩子谈好的条件来兑现；否则，孩子会对奖励细则失去信心，再也没有动力去保持整洁了。因此，仔细地考虑清楚，你可以按照什么步骤来为新确定的固定程序给予孩子积分和奖励。例如，想清楚把家庭行为记录表张贴在什么位置，以免忘记给孩子积分；把每日和每周的奖励"菜单"贴在显眼的地方，以便你和孩子都可以看到积极行为的结果。

记住，要最大限度让孩子成功，就要：

提示

监测

表扬

奖励

将四个步骤结合起来

在读完本章之后，你可能在想，当你尝试着支持孩子保持整洁有序时，怎么才能记得运用所有这些原则呢？别担心，我们已经将提示放到本书接下来的各小节中，这些提示将帮助你弄清楚什么时候在家庭行为记录表中增添新的保持整洁行为，采取什么方式与孩子共同商讨，该怎样在孩子做好了保持整洁的事情时给他积分和奖励。只要你记得在孩子学习新的保持井然有序的固定程序时加以提示、监测、表扬和奖励，就是在助推孩子成功的路上跨出了一大步。让我们用一个例子来观察怎样将这四个步骤结合起来。

建设性的谈话

提示 – 监测 – 表扬 – 奖励

提示："格蕾丝，检查一下你的书包，确保你带齐了明天上学需要的所有东西。"

监测："对照书包清单来检查，看看书本纸张是不是全都放在里面了。这样的话，你将在家庭行为记录表上获得1个积分！"（在记录表上的"使用书包清单"的旁边写上"1分"。）

表扬："干得好，你记住了使用书包清单来确保带上了自己需要的东西！"

奖励："现在，你在今天的家庭行为记录表上挣了5分了。漂亮！你可以从奖励"菜单"上的第2级奖励中选择你要的奖品。"

转向下一章

本章中介绍的策略，为帮助孩子做出真正持久的改变提供了基本准则。现在，你已经做好了准备，可以着手使用这些工具来帮助孩子，让他开始变得整洁有序。本书第三部分中的几章内容介绍了特定的策略、诀窍与技巧，将帮助你带领孩子逐步提升整理技能，向着整洁有序的目标迈进。不过，在第6章中，我们会首先围绕与孩子的学校联手执行整理技能训练计划提出一些建议。

第6章
建立家校联系

在本章中,你将学会如何:
- 辨别孩子学校里的"关键人物",也就是孩子的老师或支持人员,他们可以帮助孩子运用保持整洁有序的技能。
- 与这个人进行第一次见面交谈。

辨别学校里的"关键人物"

如果你想让孩子将新的保持整洁有序的技能和固定程序融入日常生活之中,就必须争取孩子学校的老师和其他关键支持人员的帮助和参与。找出孩子学校中的"关键人物",对你是有帮助的,这样的话,你在执行整理技能训练计划时,就可以与他沟通交流。由谁来充当这位"关键人物",因学校的情况不同而异。在小学,最简单的办法往往是与孩子的班主任直接交流。小学毕业后,孩子有了很多位老师,情况常常变得更复杂。首先从上层开始(与校长沟通),通常是有益之举。向对方解释你需要哪种类型的帮助(到本章结束时,你将更加了解需要获得哪种支持与帮助),请求学校在这方面推荐能够最大限度帮助你的人,并征求此人的意见。可能为你提供帮助的人包括学校心理辅导师、辅导员或者指导老师,学生支持服务团体的成员,教学团队中的负责老师,或者是学习专家。

如果学校指定一位专业辅助人员(为学生提供额外指导和/或行为矫正

支持的助理教师）或助手，那么在你执行整理技能训练计划时让这个人加入，可能是有益的举措。向这位专业辅助人员明确说明你打算帮助孩子提高哪些技能，准确描述你希望他如何帮你。向他解释，你将和他一同研究，看他可以怎样支持孩子学习那些技能。特别是要请求这个人提示和表扬孩子，而不是为孩子做事。例如，你可以请专业辅助人员提示孩子把作业写到计划簿上，然后指出孩子怎样记录才正确，而不是亲自为孩子把作业内容记下来。

为什么老师／学校教员的参与至关重要

理解与支持

首先，重要的是老师和参与帮助孩子的其他教员要理解孩子面临的挑战和你制订的解决计划。你希望他们了解的关键问题是，孩子难以学会其他孩子更容易学会和运用的整理技能（换句话说，孩子不只是懒惰），而且你正和孩子一起逐步提升这些技能。假如老师了解到，孩子当前正在解决记录作业的问题，接下来会学习时间管理技能，那么这位老师更有可能注意到孩子在记录作业方面的积极变化，而不是仅仅重点关注孩子迟交了作业。老师也更有可能表扬孩子在努力保持整洁方面采取的积极措施，而不是批评孩子没能做到更加整洁有序。

在学校提示

其次，如我们在第 5 章中讨论过的那样，当孩子第一次学习新的保持整洁有序的技能时，需要大人的频繁提示，才可能将那种技能融入已经确立的日常习惯中。我们发现，当老师和其他教员知道孩子正在学习哪些新技能，并在合适的时候提示他运用这些技能时，孩子更有可能娴熟地掌握。例如，我们向孩子引入的第一种新技能是使用每日作业记录表，在这个记录表上，孩子必须记录每天的作业、所需的学习用品和资料，以及作业的完成日期（第 7 章将完整描述每日作业记录表）。

三年级学生胡安的一位老师对整理技能训练计划感到兴奋不已，对每日作业记录表的价值很感兴趣。她每天提示胡安取出一张空白的记录表，把作业内容和需要的学习用品与资料记下来。接下来，她会仔细检查胡安记录的内容是否准确，如果完全准确，她会在记录表上画一个检查标记。胡安很快就学会了正确使用这份表格；他的老师向家长报告了这些情况，因此，他在家里能够因为学会这一技能而挣得积分，对此他深感自豪。

相反，四年级学生丽贝卡回家后经常发现自己的每日作业记录表填得不完整，或者还是一张空表。因此她对无法挣到每天的积分感到失望不已，因为她的老师几乎从来不记得检查她的记录表或在上面签字。丽贝卡自己也常常忘记填写每日作业记录表，即使她有时候记得，也害怕走到老师面前，让老师检查。过了好几个月，丽贝卡总算学会了持续使用这份记录表，但结果呢，她还是不记得要带齐学校需要的东西。

为了助推孩子成功，重要的是确保在他需要运用某种技能的时候，负责任的成人可以提醒和表扬他，特别是当孩子刚刚采用那些新的、不熟悉的固定程序，或者刚开始运用新的、不熟悉的技能时。

同意孩子使用整理工具

老师／学校教员之所以是整理"团队"中至关重要的人物，是因为他们通常要表明对孩子使用新的整理工具或方法同意还是不同意。

六年级学生罗杰难以收好他的纸张，但他的例子证明了老师批准采用新的整理工具和方法有多么重要。老师建议的整理纸张的工具是三孔活页夹，但罗杰常常忘记在他的各种纸张上打孔，以便将其合适地保存在这种活页夹中。他常把纸张胡乱塞进资料夹前面的口袋中，或者就塞到书包的底部。一位整理技能训练的治疗师着手帮助罗杰，让他开始使用折叠式资料夹，这一工具的采用，使得罗杰整理纸张时变得容易得多。不过只过了几天，老师便给罗杰家长带去一个便条，要求罗杰使用班上其他同学采用的同一种方法来整理和保存纸张。由于罗杰父母事先没有与老师沟通，没有向老师明确说明罗杰将使用折叠式资料夹这个新工具，因此罗杰在保持整洁有序方面付出的努力，不但没有得到老师的认可，反而被给予负面的评价，最后还必须采用与其他同学一致的工具和方法。

我们发现，不同的老师在向学生传授保持整洁有序的技能或者要求学生使用特定的工具／方法时，差别很大。重要的是，父母一开始就要和老师及其他教员接触，以便共同找出哪些方法最适合孩子，以及哪些调整和改变是可以接受的。我们理解，每所学校对孩子的特定要求各不相同，在整理工具和固定程序的选择上必定具有一定的灵活性，因此，在第三部分的所有章节中（第 7 ～ 10 章），我们还建议学生使用一些与我们之前推荐的特定工具与固定程序不同的替代工具与程序。我们相信你会发现（我们也已经发现），父母与老师密切协作来改变孩子保持整洁有序的日常习惯，将是最为持久和最为有益的。

如何让老师／其他教员参与

为了强化孩子在学校中保持整洁有序的行为，为家校协作打下坚实基础，你要安排与老师和／或其他"关键人物"进行一次初始会面。出于简化的原因，从现在开始，我们将称"关键人物"为"老师"。在第一次见面交谈过程中，你要做到以下几点。

1. 从老师那里了解更多关于孩子在班上保持整洁有序的情况。

2. 确定老师要求学生采用哪些保持整洁有序的固定程序/工具，以及哪些固定程序/工具适合孩子。

3. 确定老师是否愿意和你密切协作，以提示、监测和表扬孩子使用新的保持整洁有序的固定程序/工具。

为实现第一个目标，和老师进行初始会面时，你要确保只谈一些关于孩子在学校保持整洁有序方面的优势和劣势。你可以参考下面教师的整理物品、管理时间和制订计划问题清单中列举的行为（见表6-1），这份问题清单将指导你和老师谈些什么。在和老师面谈之前，你可以请老师填写这份问题清单，以便你们接下来讨论老师指出的经常影响孩子在学校中保持整洁有序的各种问题。

表 6-1 教师的整理物品、管理时间和制订计划问题清单

	从没有过	偶尔有之	经常这样	始终如此
记录作业				
孩子潦草地记录留了哪些家庭作业				
孩子忘记第二天要交的作业				
孩子对考试缺乏准备				
整理物品				
孩子很难找到他需要的纸张				
孩子忘记把重要的物品（例如书、笔记本）从家里带到学校				
孩子的书桌上一片狼藉				
孩子的资料夹/活页夹凌乱不堪				
管理时间				
孩子难以着手做随堂作业				
孩子要花很长时间才能完成随堂作业				
任务计划				
孩子不知道如何开始完成学习计划/任务				
孩子很难为完成任务制订计划（例如写作任务）				
孩子难以在规定时间内完成长时作业				
孩子经常交出不完整的和/或杂乱无章的作业				

资料来源：*The Organized Child* by Richard Gallagher, Elana G. Spira, and Jennifer L. Rosenblatt. Copyright © 2018 The Guilford Press.

为实现第二个目标，你要弄清楚老师已经采取了哪些措施来提高孩子在学校保持整洁有序的能力，你可以使用教师面谈这张表格中的问题（见表 6-2）。

表 6-2　教师面谈
评估现有的保持整洁有序的固定程序/工具

这份表格围绕许多学生需要获得支持的整理物品、管理时间和制订计划等主要方面中的每个方面提一个问题。

记录作业内容

"学生怎样记录作业的内容（例如，抄在计划簿上、笔记本上，在网上记录等）？"

当前使用的方法：_____

_____

这种方法适合孩子吗？	□适合	□不适合
如果不适合，老师允许孩子采用不同的方法吗？	□允许	□不允许

整理物品

"学生怎样保存和整理他们的纸张？"

当前使用的方法：_____

_____

这种方法适合孩子吗？	□适合	□不适合
如果不适合，老师允许孩子采用不同的方法吗？	□允许	□不允许

管理时间

"你是否使用了一些特定的方法帮助学生按时完成任务（例如计时器、时钟）？"

当前使用的方法：_____

_____

这种方法适合孩子吗？	□适合	□不适合
如果不适合，老师允许孩子采用不同的方法吗？	□允许	□不允许

制订计划

"你是否为学生将大型的学习计划分解成若干步骤？如果是这样做的，怎么分解？"

当前使用的方法：_____

_____

这种方法适合孩子吗？	□适合	□不适合
如果不适合，老师允许孩子采用不同方法吗？	□允许	□不允许

资料来源：*The Organized Child* by Richard Gallagher, Elana G. Spira, and Jennifer L. Rosenblatt. Copyright © 2018 The Guilford Press.

你和老师也许对孩子在整洁有序方面的问题存在不同意见。事实上，孩子常常在不同的环境下表现各异。例如，有些孩子在学校还算整洁、有条理，但一到家，就难以做完家庭作业。究其原因，学校已经将保持整洁有序的固定程序融入课程中，而家庭中的固定程序却缺乏类似的组织性。另一些孩子可能在家里能够很好地收拾自己的物品，有序地安排好自己的事情，但到了课堂上，无法将学习用品整齐摆放好，或者不能及时完成作业。究其原因，孩子在家里有父母的一对一帮助，而学校缺乏这种一对一的支持。因此，在和老师的首次面谈中，你的目的是了解老师对孩子在学校保持整洁有序的优势和劣势怎么看，因为你想和他共同制定提高孩子在校表现的策略。

你的第三项任务是争取让老师主动参与孩子的训练计划，并且和你及孩子密切协作。你要把本书的部分内容分享给老师，包括把年幼孩子版本或青少年版本的小捣蛋鬼指南拿给他看（见第3章），这有助于解释你将怎样与老师探讨并着手解决孩子在保持整洁有序方面的困难。你还要让老师知道，你使用的本书中介绍的原则和方法，是从一个被称为"整理技能训练计划"的干预措施中发展而来的，这些干预措施在各种研究中都被证明是有效的。

告诉老师，你将在家与孩子一同学习重要的保持整洁有序的技能，并且将这些新技能融入日常生活中。你可以和老师分享第4章中的部分内容，以突出你将重点关注孩子的哪些重要方面。我们发现，当孩子在课堂上努力学习以下两项重要技能时，请求老师给予提示和表扬是最有帮助的，这两项重要技能是：①把作业内容记在每日作业记录表上；②适当整理在学校和家庭之间转来转去的各种纸张（如我们在第8章中详细探讨的那样，使用折叠式资料夹）。问老师是否愿意提示、表扬和监测孩子在校期间这些特定目标的情况，以支持孩子运用这些技能。你还可以询问老师，课堂上还有哪些保持整洁有序的固定程序对孩子最有益处。随着你开始解决孩子在学校保持整洁有序技能的问题，可以利用与老师的这种探讨来决定在哪方面最好地聚集你们共同的努力。特别要请老师做下面这些事情。

1. 提示孩子实现特定的目标（如以下探讨的那样，这些目标应当标明在每日作业记录表的复制件上，而且会随着治疗进程的深入而改变）。

2. 表扬孩子实现了特定目标。

3. 给实现了特定目标的孩子在每日作业记录表上打个√（在家里时，这将意味着1个积分）。老师可以在学生的记录表底部打个√并签名，表示学生已经实现了这一天的目标。

接下来，你要根据老师对孩子是否实现了目标的反馈意见，给予孩子相应的积分和奖励。

在和孩子的老师交谈时，要记得老师一天的工作有多忙！他要处理很多学生的事情，备课和准备教学资料、批改作业、管理班级事务，通常情况下，老师的工作量已经达到饱和（而且在课后也常常如此）。出于这个原因，当其他学生同样需要老师关注，而你请求他单独关注你的孩子时，老师可能会觉得加重了他的负担。要对这样的现实保持敏感，一定要告诉老师，每天提示和表扬孩子保持整洁有序，并且在每日作业记录表上签名和划√，应当只需几分钟时间。问一问老师，你可以怎样使他的这项任务变得不太麻烦，例如通过发送提醒短信，制作记录孩子表现情况的表格，在家里为孩子保持整洁有序提供支持，等等。此外，当老师愿意专门花几分钟来关注孩子时，要表达你的感激之情。孩子正在学习和练习保持整洁有序的新技能时，让老师投入少量的时间，对孩子来说是一种莫大的支持。

每日作业记录表：联结家庭与学校的桥梁

前面提到过，可以让老师来检查孩子的每日作业记录表，看他在学校里是否实现了每个目标。在和老师见面交谈时，你可以向他出示第7章的每日作业记录表和教师的每日作业记录表指南。请老师按下面这些步骤来强化孩子对每日作业记录表的使用。

1. 提示孩子每天填写每日作业记录表。

2. 纠正孩子在填写记录表时出的错。

3. 如果孩子准确地填写了记录表，不需要任何纠正，在上面划√并签名。

如果老师觉得孩子使用每日作业记录表来记下作业内容的主意不好，希望孩子采用与班上其他同学一致的方法来记录，那么你要和老师讨论怎样使其他同学采用的方法对你的孩子管用（见第7章）。一定要在其他格式的作业记录本上留出一定空间给老师，让老师可以为孩子成功记录作业的行为在本上留下检查标记。如果孩子对老师在每日作业记录表上或者其他格式的作业记录本上签名感到不舒服，因为觉得在全班同学面前有些难堪，那么你可以采用更"隐蔽"的办法这样做。例如，老师在教室里转悠时，可以在孩子的计划簿上签名，或者孩子可以在下课期间让老师检查作业记录表并签名。

教师的每日作业记录表指南

假设你的学生在练习用新方法记录学校布置的作业：将作业内容填写到每日作业记录表中。每日作业记录表被设计用于帮助学生掌握作业内容，以及记下他完成作业需要的学习用品和资料。我们将记录表的指南展示出来，以便你可以理解它的基本特点。

1. 有空白记录每门功课的家庭作业。
2. 有空白记录需要带回家的东西（例如，课本、笔记本、作业纸）。
3. 有空白记录之后要交给老师的任何其他作业，或者不久后要进行的考试。

第一个目标可以在每日作业记录表上完成。请每天检查学生的作业记录表，如果学生填写得准确无误，并且没有让你帮助，那就在上面划√并签下你的名字。如果学生出了错，你可以纠正他们，但不要划√并签名。

请记住以下三条。
1. 提示学生运用目标技能。
2. 表扬学生。
3. 当学生达到了目标时，划√。

资料来源：*The Organized Child* by Richard Gallagher, Elana G. Spira, and Jennifer L. Rosenblatt. Copyright © 2018 The Guilford Press.

请求定期反馈

当孩子在学习和运用保持整洁有序的技能时，若你争取到了孩子老师的支持，重要的是和老师定期保持沟通。每隔一段时间便和老师定期回顾一下，看孩子在学校是否成功地运用了各种不同的保持整洁有序的技能/固定程序。不要等到季度成绩出来时才发现孩子在学校做得怎么样，你需要即时反馈，帮助调整你在孩子身上的努力，并且确保孩子更能表现出持续进步。你可以使用下页展示的教师每周反馈表之类的表格（见表 6-3），确保你能持续不断地掌握孩子的在校表现。孩子念完小学后，每两周从老师那里获得一次反馈，对老师来说更切合实际。

争取官方帮助

如果孩子在保持整洁有序方面存在的困难与某种已确诊的病情相关，比如注意缺陷多动障碍或者学习障碍，一种合适的做法是使用所谓的"504 计划"（504 plan），敦促老师更多地关注孩子。许多患有注意缺陷多动障碍的孩子都被纳入类似计划中，这些计划认定孩子的健康受到一定损害时，通常将孩子归入"其他健康损害"的范围。类似这些计划要求学校在教学时给予学生更宽松的条件，一般包括延长考试时间、优先编排座位、使用每日行为报告卡片等。如果孩子被纳入 504 计划，你可以向学校建议，在孩子保持整洁有序的技能提升方面，学校需要在已确立的计划上增加更多的宽松条件。新的宽松条件包括：老师每天监督孩子使用保持整洁有序的工具和固定程序，每天花几分钟时间提示和表扬孩子运用这些工具与程序。如果孩子没有被纳入 504 计划，而你认为应当纳入才合适，和学校的心理辅导师谈一谈，以启动一个确立计划的流程，并且建议老师放宽条件，更多地支持孩子学习和掌握保持整洁有序的技能。有了这样一份正式的计划，老师在提供必要的帮助时可能感到更加舒服。应当指出的是，在美国，尽管公立学校有法律义务为学生提供 504 计划中列举的种种宽松条件，但私立学校不受类似的法律约束。

表 6-3　教师每周反馈表

学生：＿＿＿＿＿＿＿＿＿＿＿＿＿＿＿＿＿　老师：＿＿＿＿＿＿＿＿＿＿＿＿＿＿＿＿＿

请从周一开始填写本周的这张表格，＿＿＿＿＿＿＿＿＿＿＿＿＿＿＿＿＿＿＿＿＿＿＿
请在周末时给以下邮箱发送电子邮件：＿＿＿＿＿＿＿＿＿＿＿＿＿＿＿＿＿＿＿＿＿

1. 请检查你班上的这位学生在以下时间有没有交家庭作业。

周一	周二	周三	周四	周五
□交了	□交了	□交了	□交了	□交了
□没交	□没交	□没交	□没交	□没交
□未布置家庭作业	□未布置家庭作业	□未布置家庭作业	□未布置家庭作业	□未布置家庭作业

2. 本周，这位学生是否完成了课堂上所有的作业
　　□是　　□否
　如果没有完成，符合以下哪种情形？
　　□学生没有带齐完成课堂作业必需的学习用品和资料
　　□学生在上课时间开小差

3. 我还应该知道些别的什么吗？

资料来源：*The Organized Child* by Richard Gallagher, Elana G. Spira, and Jennifer L. Rosenblatt. Copyright © 2018 The Guilford Press.

其他一些学生被认定为需要获得特殊教育的支持。对这样的学生，学校的支持要在"个别化教育计划"（Individualized Education Program，IEP）中体现并列举出来。对许多被列入该计划的孩子来说，整理物品、管理时间和制订计划技能的问题令人担忧。如果孩子已经被列入个别化教育计划中，你可以请求为培育孩子的上述技能而制定特定的目标、规定教师给予特定的支持。我们建议你与主管孩子个别化教育计划的人探讨这些。在我们的经验中，许多学校的专业人士都参与了为学生提供整理物品、管理时间和制订计划的支持，包括学习障碍问题专家、学校心理辅导师、指导老师，以及职业治疗专家。

问题解决技巧

灵活地与学校合作

即使父母严格按照本章中建议的所有步骤来做，鼓励学校参与，共同帮助孩子提高保持整洁有序的技能，老师也可能在参与程度上各不相同。如果孩子的老师要么无法以我们概述的方式提供帮助，要么虽说同意帮助，但是不能坚持下去，那么与老师探讨一下这种情况，看看你能不能做些什么，使老师更容易参与。假如老师认为，每天都让老师监测孩子的情况并不现实，那就考虑改变监测的方式。对老师来说，每周向家长报告孩子的技能运用情况是可以的，但不是每天都要这样做。或者，如果不能依靠老师来监测孩子的行为，那么有必要改为由你自己来监测，要求孩子向你展示他在学校里运用了保持整洁有序技能的证据，以评估孩子在学校的表现。例如，孩子是否正确记录了作业的内容，可以通过对照在线家庭作业表的方法来验证。

在与孩子和其家人合作的过程中，我们发现，孩子在致力于娴熟掌握新的技能和行为时，家长与学校老师的积极合作能让他们大为受益。不过，假若孩子的老师没有完全参与整理技能训练计划，或者你找不到愿意在学校中

> 执行这个计划并担任你和学校之间联系人的其他学校教员，也不要灰心。若你在家里持续不断地督促孩子，强化孩子在课堂内外保持整洁有序的行为，孩子也会有所进步。

转向下一章

现在，你已经为着手和孩子一同参加整理技能训练计划奠定了基础。你觉得自己已经准备好了吗？你有信心吗？

整理技能训练的准备工作清单

- 我已经很好地了解了第三部分和第四部分中可能描述的内容。
- 我和孩子探讨了我们将做什么，因此，他觉得这个计划会帮助他在学校和家里都取得成功，而且不会为自己在整洁有序方面的问题而责怪自己。
- 我知道如何使用家庭行为记录表了。
- 我理解提示、监测、表扬、奖励孩子的作用，并且致力于与他共同使用这些方法。
- 我和孩子的老师和/或学校的其他教员交流过，得到了他帮助执行整理技能训练计划的承诺。
- 我打算从头到尾读完这本书，以便更加全面地理解我们正在着力做的事情，然后开始向孩子传授各项单独的技能。

/ 第三部分 /

针对学校任务的保持整洁有序的技能

你是直接跳到这个部分来的吗？如果是，请回头读前面的内容。为什么？原因如下。

在第三部分中，我们将教你怎样选择特定的保持整洁有序的工具和方法，帮助孩子提升运用它们的技能。孩子用于整理和收拾物品、有条不紊做事的各种工具和方法，可以与木匠工具箱中的各种工具媲美。干好木工活，拥有适当的工具固然必不可少，但如果没有人教会你怎样使用，那它们就毫无价值。这正是在此之前所有章节的内容都如此重要的原因。清楚地了解孩子难以保持整洁有序背后的原因，并且理解激励和支持他提升整洁有序、条理分明技能的最佳方法，是帮助他娴熟运用我们在这个部分中介绍的各种工具的关键。

根据自身情况制订计划

这几章内容就孩子将要使用的保持整洁有序的工具、方法、固定程序提出了非常具体的建议。我们与那些整理技能存在缺陷的孩子打过多年交道，经历过大量反复的试验，发现这些工具是适合绝大部分孩子的最有效工具。不过，这并不意味着每一种工具都与你家的孩子完美匹配。你要运用对孩子的了解以及孩子给予你的反馈来做出必要的调整。我们将会解释每一种工具和固定程序，为什么它们是难以保持整洁有序的孩子的明智选择。假如你和孩子认定某种特定工具或固定程序不适合，不管是什么原因，我们都将提供"问题解决技巧"，这部分内容将指出你在寻找替代工具或程序时应当着重关注的重要特征。

在整理学校物品、安排学校布置的任务时，一个重要工具是我们在第7章中将介绍的计划簿。这就是一个资料夹或活页夹，里面包含一些用于记录每天的家庭作业、长时作业以及课后活动的表格。出于灵活性和个性化的考虑，我们会在本书的附录部分向大家传授手工制作计划簿的方法。此外，补充附录里还有一些你可以打印并放到计划簿中的表格。在第7章中，我们会请你制作自己的计划簿，或是买一个达到我们要求并符合孩子偏好的计划簿。但是，我们每次只使用其中的一种工具，同样，你在帮助孩子熟练掌握这个计划中保持整洁有序和条理分明的所有技能时，也是每次只引入一种技能。

如果你选择一种替代工具或固定程序，要记住的一条最重要规则是：越简单越好。这意味着要寻找那些步骤尽可能少的保持整洁有序的固定程序。整理方法和固定程序的步骤越多，孩子越有可能跳过其中的某个步骤。例如，用分好了区的三孔活页夹保存各类纸张看起来非常简单，但是你要考虑到，孩子保存一张新的纸片时，必须完成下面这么多步骤。

1. 把活页夹从书包里拿出来。
2. 翻到保存那张纸的合适区域。
3. 在纸上打孔。
4. 打开活页夹的环。
5. 把纸放进去。
6. 关上活页夹的环。
7. 把活页夹放进书包。

这些步骤看起来都不是特别费力。但是，当孩子恰好在下课铃响起之前、只差两分钟就要去坐校车、正在和朋友聊得火热等这些时候收到老师发的纸时，那他可能不会完成上面的 7 个步骤。他会决定过后再去打孔，并把纸保存在不恰当的区域中，到最后，他就无法从书包最底下那些已经弄得皱皱巴巴的纸张中找出这张胡乱塞进去的纸了。由于这张纸十分重要，使得你和孩子在随后的两个周里发了疯似的到处寻找。

出于所有这些原因，我们发现，折叠式资料夹可能是保存纸张的最简单工具。孩子不需要在纸片上打孔或者打开活页夹的环，而且在很多邮差包中，折叠式资料夹可以一直打开，使得孩子每次去保存纸张时不必把资料夹从书包里取出来、放进去。我们将在第 8 章中更详细地讨论这种工具的使用方法。

偏离我们在这里讨论的计划的另一个原因可能是，孩子在特定的保持整洁有序的问题冒出来时，自有一种应对办法，而且这种办法很好。我们同意一句老话："东西没坏，就别去修它。"假如孩子采用了行之有效的方法来保持整洁，别担心在你看来这种方法到底好不好；重点是关注它的效果。如果孩子在零散的便条纸上记录家庭作业，字迹非常模糊，问你自己这个问题：他有没有由于自己忘记了前一天的家庭作业而导致第二天没交作业？如果没有，随他去吧。你还要和很多小捣蛋鬼战斗呢，因此，重要的是明智地选对斗争对象。

根据自身情况制订保持整洁有序的计划，最后也是最重要的一个方面是，允许孩子在这个过程中成为完全平等的合作伙伴。我们的终极目标不是当别人在告诉孩子到底要做些什么时，他能够变得多么整洁和有条理。相反，我们希望孩子能够理解他自己在整洁有序方面存在哪些挑战，学会一些管用的方法和技巧来应对面临的局面，批判地思考哪些解决办法可能最适合自己。我们在与孩子打交道的过程中，常和他们谈起，我们推荐的特定方法基于数百个孩子的亲身体验，并且问他们愿不愿意试用每一种工具。但在整个过程中，我们还会开明地对待孩子的反馈意见，并据此做出调整。如果孩子从一开始就觉得某种特定的方法不适合他们，我们将和每个孩子一同研究替代方法，然后就如何检验这种替代方法的效果达成一致，看看是否有必要做出调整。让孩子提出他自己的标准来确定某种方法是否合适，常常是有益的。以下的"建设性的谈话"展示了一个这方面的例子。

建设性的谈话

父母：我觉得折叠式资料夹可能对你有好处，因为所有的纸张都放在一个地方，你不太可能弄丢它们。

孩子：我真的觉得那不适合我。让我时刻都背着这些纸，太重了。我宁愿用单个的资料夹，并把我在学校不需要的东西留在家里。

父母：你不想想你可能偶尔把在学校需要用的资料夹忘在家里吗？

孩子：不会的。我真的想用单独的资料夹。

父母：好的，这听起来值得一试。那么，我们可不可以达成一致，先试两个周，看看这种方法到底管不管用。

孩子：好的。

父母：让我们来确定一下，我们要怎样辨别这种方法是很管用还是需要改变。在你看来，如果这种方法十分管用，你会有多少次忘了拿齐你未来两个周需要用到的纸张呢？

孩子：绝对不会忘记。

父母：好的，即使你说的这种方法很好，也很难十全十美哦！我先允许你两次忘拿纸张吧，怎么样？如果多于这个数字，那我们就一致同意试用别的方法。好吗？

从家庭行为记录表开始

当你着手让孩子学习下一章介绍的技能时，将首先使用第 5 章描述和展示过的家庭行为记录表。我们曾提到，随着孩子熟练掌握某些技能，转而学习另一些新的技能时，家庭行为记录表上的五个特定目标将随之改变。在接下来的几章中，我们将在每章中介绍一项新技能，并提出一个相应的新目标。你要把这个新目标填到家庭行为记录表上。当你在记录表上添加了新的目标时，应当把孩子已经熟练掌握的某个目标"撤下"。怎样才算是熟练掌握？我们在每一章结尾时列举了这方面的标准。把这个目标从家庭行为记录表上撤下后，你要继续时不时观察孩子使用这一技能的情况，并在他运用该技能时给予表扬。过段时间，孩子完全有可能在运用自己过去已经熟练掌握的技能时稍稍退步；如果这种情况出现，你可以再把那种技能和相应的目标重新放到家庭行为记录表中，并再次进行监测和强化。

如果孩子还没有熟练掌握记录表上的任何一个目标，先等一等，等他实现了这些目标中的某一个，再去练习新技能、追求新目标。并没有哪项规定要求孩子要在多长时间内完成整理技能训练计划。就按照孩子的节奏前进，而且要知道，从长远来看，最好是先耐心地等待，当孩子对所有技能都觉得运用起来游刃有余了，再转而学习新的技能。

是时候开始了！留给小捣蛋鬼们的时日不多了。

父母们学习这些介绍技能的章节的路线图

1. **熟读**第一批的五项技能。

2. 在家庭行为记录表上**添加**这些技能，作为第一批的五个目标。

3. 向孩子**传授**这些技能（在必要时运用"建设性的谈话"）。

4. 和孩子一同**练习**。

5. **提示**和**表扬**孩子运用这些技能。

6. 当孩子使用了家庭行为记录表上的技能时，要**给予积分**和奖励。

7. **监测**孩子什么时候达到了任何一项技能的熟练掌握的标准。

8. 从家庭行为记录表上**撤下**孩子已经熟练掌握的技能，并增加一项新的技能！

9. **熟读**这项新增加的技能。

10. 在家庭行为记录表上**添加**这项新技能，作为新的目标。

11. **回到**第 3 步，从那里继续下去。

第 7 章
记录作业内容

这一章将传授的技能	将介绍的工具和固定程序
记录每天的作业 记录长时作业	每日作业记录表 学习任务与考试日历

我们正在与之战斗的小捣蛋鬼
"忘记了没关系"小捣蛋鬼

它说:"你会记得你的家庭作业。不必写下来。"
关键的策略:记录好,立即记录,并且记在一个固定的地方。

我们反复听到难以保持整洁有序的孩子表达这样一种感觉:被压得喘不过气来。他们每天要收拾太多的纸张,准备参加各种考试,在规定日期内完成作业和学习任务,还有各种各样的任务在等着他们,所有这些让他们感觉太多了,应付不来。我们在这里概括的流程也可能令人窒息,不论是对你,还是对孩子。因此,请记住,一次只采取一个步骤,并且专注地投入每一个步骤,不要提前想下一步需要做些什么。我们首先从记录作业内容开始,引领孩子逐步走上整洁有序的道路。如果孩子一开始就不知道家庭作业的内容，那么其他保持整洁有序的技能，没有一项能用得上。所以，我们将帮助孩子确定一个固定不变的地方来记录家庭作业的内容，同时明确将每天记录每一门作业的固定程序作为我们这趟旅程的第一步。

问题解决技巧

"我不需要计划簿——现在全都是在网上完成的！"

很多学校如今通过网络布置作业内容，对难以保持整洁有序的学生来说，这种做法好比救了他们一命的救生圈。然而，在我们的经验中，通过网络布置作业内容的方法，可能存在诸多缺陷。在你确定通过互联网布置作业是否与孩子保持整洁有序的固定程序相一致时，要考虑以下几个关键问题。

- **不一致**。这是最为关键的问题：在许多学校中，并非所有老师在网上布置所有作业的内容。然而，由于这项固定程序对难以保持整洁有序的学生而言至关重要，因此很有必要为他们确立一种单一的、统一的方法。如果网上布置作业的方法不能成为唯一的方法，我们则建议孩子用计划簿来登记所有科目的作业。把课堂上布置的作业记下来，需要变成一种可靠的、稳固的习惯，在记录作业时，不管是什么功课，学生都要把计划簿拿出来，并且每次都以同样的方式使用它们。

- **难以布置到位**。考虑清楚，采用网上布置家庭作业的方法，孩子在需要知道作业内容时，是不是能够方便地了解到？例如，假如孩子在自习室或者参加某种课后培训机构完成部分家庭作业，那里有电脑吗？孩子能否轻松地查看老师布置的家庭作业？

- **未能引起重视**。把作业的内容用纸和笔记下来，并且在一天之中，不论什么时候打开计划簿，都能看到作业是什么，将有助于许多学生重视他们需要完成的作业。对于长时作业，这种方式可能格外有益，因为在完成那些作业时，频繁的提醒可以防止这种极为常见的情形：孩子在某个作业课题截止日期到来的前一天晚上突然想起,发现这个课题中还有很多任务没完成,然后匆匆忙忙地抓紧做,一来要熬夜才能做完,二来课题的质量无法保证。

- **学习用品和资料的管理存在问题**。当孩子采用上网查看家庭作业内容的方法时,通常要等到回家后再了解作业内容。有时候这对他们来说太晚了,没办法确保把完成作业必需的物品带回家。记录包括一份列举了完成作业需要的各种物品的提醒清单,对于孩子把所有必需的学习用品和资料全都带回家来说十分关键。我们建议,任何一份作业清单,都要留出空白位置来记录完成作业需要哪些学习用品和资料。

- **底线**。对于难以保持整洁有序的学生来说,依赖网上布置的作业是很有吸引力的。这也可以理解。不过,除非所有老师时时刻刻都采用这种方法,布置家庭作业内容的网站对学生来说容易访问(不论学生在哪儿做作业),学生采用一种可靠的方法来注意到长时作业,并且学生从来没有忘记把家庭作业需要的学习用品和资料带回家,否则,老式的计划簿或者其他手写的记录仍然是最佳选择。

记录每天的作业

记录每天的作业存在的问题

学生记录每天的作业遇到的最大问题是,他们就是不记录。他们急匆匆跑到要去的另一个地方,而且脑海中的小捣蛋鬼在告诉他们,他们会记住自己必须做的事情(或者,总是晚些时候打电话给朋友,询问当天的作业)。除此之外,我们还发现,传统的计划簿通常没有考虑到在保持整洁有序方面存在困难的孩子的需要。传统计划簿的问题包括以下这些。

- 留出的记录作业详情的空白位置不够。

- 在学生查看长时作业时，需要一页一页地翻看记录表。（要记住，我们总希望使计划簿保持简单，或者只要有可能，让孩子在整理的固定程序中采取最少的步骤。对难以保持整洁有序的孩子来说，一页一页地翻看，就是一个步骤。）
- 缺少额外的工具来帮助孩子在计划簿的页面中整理学习用品和资料，进行时间管理，对任务制订计划。

经过时间检验的解决方案：每日作业记录表

我们在研究早期清楚地发现，传统计划簿对学生来说不是特别合适，因此我们决定制作自己的计划簿。我们自己制作的计划簿，根据学生们多年的反馈进行了检验和优化。我们在本书的附录部分中介绍了制作这种计划簿的教程。我们的计划簿有许多与整理技能训练计划不同方面相关的组成部分，比如每日作业记录表上帮助孩子管理下午时间的下午时间安排表和被称为任务计划表的表格，孩子用它来计划长时作业。你应该现在就为孩子准备完整的计划簿，但首先，我们不看计划簿中包含的除了每日作业记录表以外的其他所有表格。让孩子也这么做。我们一再强调，每次只做一个步骤，在孩子能够完美地运用每日作业记录表，就像使用这份表格成了他的第二天性之前，我们不会转到下一个步骤去。

那么，让我们来看看每日作业记录表（见表 7-1）。现在，我们只是看到了这份表格的最基本部分；我们会在以后的章节中更详细地描述。孩子每天收到一张每日作业记录表，记录表上留有大量的空白位置来记录作业。最左边一列由孩子填写科目，紧挨着的那一列（家庭作业是什么）留出了一定的空白位置来记录那门功课第二天要交的所有家庭作业。对于第二天不必上交的任何新的学习任务，则写在表格右侧的"考试和长时作业"那一列中。我们之所以还做出这种区分，是因为孩子会区别对待第二天要交的家庭作业与长时作业。我们将在讨论学习任务与考试日历的内容时稍稍详细地探讨这些。

日期：_____

表 7-1 每日作业记录表

科目	家庭作业是什么	我需要把什么带回家	我明天需要把什么带到学校	考试和长时作业	
				任务	截止时间
	是否完成？□	─活页练习题 ─练习册 ─课本 ─笔记本 ─其他：___	─活页练习题 ─练习册 ─课本 ─笔记本 ─其他：___		
	是否完成？□	─活页练习题 ─练习册 ─课本 ─笔记本 ─其他：___	─活页练习题 ─练习册 ─课本 ─笔记本 ─其他：___		
	是否完成？□	─活页练习题 ─练习册 ─课本 ─笔记本 ─其他：___	─活页练习题 ─练习册 ─课本 ─笔记本 ─其他：___		
	是否完成？□	─活页练习题 ─练习册 ─课本 ─笔记本 ─其他：___	─活页练习题 ─练习册 ─课本 ─笔记本 ─其他：___		
注意事项或特定的纸张	─讲义 ─其他：___				

下午时间安排

（检查①每日作业记录表②学习任务与考试日历）

要花多长时间？

我什么时候可以把它做好？

在做家庭作业时，挤出 30 分钟的时间把作业写下来：

开始做家庭作业：提早 / 按时 / 推迟
完成家庭作业：提早 / 按时 / 推迟

资料来源：*The Organized Child* by Richard Gallagher, Elana G. Spira, and Jennifer L. Rosenblatt. Copyright © 2018 The Guilford Press.

在"家庭作业是什么"右边的两列包括一些清单,孩子可以在他完成某门作业时需要带回家的学习用品和资料之前划√,并且在第二天应该带回学校的学习用品和资料之前划√。严格来讲,这是管理学习用品和资料的一个方面,我们将在第8章中阐述。不管怎样,我们之所以把这些包含在每日作业记录表中,是因为孩子在记录作业内容时连带学会这个步骤是有益的:只要他一听说自己那个下午需要做些什么,就应该想到需要哪些学习用品和资料。

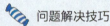 问题解决技巧

如果孩子不想使用每日作业记录表或者计划簿中的其他表格,怎么办?

我们检验了每日作业记录表和计划簿中的其他要素,发现这些在数百名孩子身上都是有效的,但是如果孩子不同意运用它们,那就没有哪种工具能管用了。有时候,孩子反对某种特定的解决方案,有一系列的原因。例如,他们可能不喜欢用与班上其他同学正在用的不同的计划簿,这让他们在班上显得突出。如果孩子决定使用不同的计划簿,试着找一个尽可能具有下列特点的那种。

- 有足够的空白位置留给孩子适度详尽地记录作业。
- 留有空白位置使孩子记下完成作业时必需的、需要从学校带回家里的任何学习用品和资料,以及第二天需要带回学校的东西。
- 有一种方法来区分第二天要交的作业和长时作业。

此外,如果孩子想采用不同的计划簿,试着找一种还具有以下这种按月份安排的学习任务和考试日历各种优点的计划簿。

- 可以一目了然地查看即将完成的长时作业。
- 每天的任务同样能看到,无须翻页。

> 我们的计划簿包括其他一些组成部分：每周的时间安排表或个人日历（见第 9 章），以及用于长期计划的任务计划表（见第 10 章）。在你和孩子选定一种替代的计划簿之前，了解这两个组成部分的重要特点是有益之举，将有助于指导你怎样选择尽可能包含上述功能的计划簿。

固定程序

和孩子一起坐下来，仔细观察每日作业记录表的特点。向孩子解释，能否有效地使用这份记录表，就看老师每次布置作业时，孩子是否以完全相同的方式来运用可靠的固定程序。这个程序包括以下内容：

- 不管在什么情况下，只要老师布置家庭作业，孩子就应当把计划簿拿出来，放在书桌上，打开，让里面的每日作业记录表一眼就能看到。
- 孩子应当仔细听，以确定作业是短期作业（第二天要交）还是长时作业（两天后或更晚才交）。
- 对于任何当晚的作业，应当详尽地记录在每日作业记录表中"家庭作业是什么"那一列之中。
- 对于任何长时作业，应当详尽地记录在每日作业记录表中"考试与长时作业"那一列之中，并附带它们的截止日期。
- 关键的步骤：如果孩子当天在某一科目上没有家庭作业，他应当标记"没有"，或者在方框里划 ×（无论当晚的作业还是长时作业都如此）。这是一个十分重要的步骤，原因有两个：①如果某个方框是空白的，那你就不清楚这到底是老师实际上没有布置家庭作业，还是孩子忘了记录；②你要让孩子养成良好的习惯，不论哪门功课，每次老师布置作业，都把计划簿拿出来记录作业。
- 孩子应当核对，完成作业时必需的、他应该从学校带回家里的各种学习用品和资料,以及第二天应该从家里带到学校去的各种学习用品和资料。对于这些详细情况,应当登记在"我必须把什么带回家"和"我明天需要把什么带到学校"这两列之中。

- 每天晚上孩子完成作业后,应当把当天的每日作业记录表扯掉。我们建议这样做,使孩子不必在很多已经用过的记录表中翻找他需要的那份。除此之外,扯掉已经用过的每日作业记录表,使孩子能在资料夹的另一侧看到月历。这种月历(也就是学习任务与考试日历)是我们推荐的计划簿的一个重要特点,我们将在讨论记录长时作业的时候探讨这种月历。

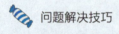

问题解决技巧

一次只做一件事

难以保持整洁有序的孩子有时候性情鲁莽,或者很难集中精力完成手头的任务。如果孩子试图一下子运用计划簿的所有功能,那要向他强调,现在你只和他讨论每日作业记录表。如果你已经读到后面的内容了,那就向他简要介绍一下,不过我们强烈建议,让他一开始时只学着使用每日作业记录表。当然,作为父母,你很想充分利用他的热情,但孩子一次性了解太多,通常会导致失败。你可以利用他的兴奋之情,激励他尽快熟练掌握这个步骤,以便转向下一个步骤。

练习

先练习几次,在此过程中假装你是孩子的老师,让孩子真正使用每日作业记录表来记录作业。设法模拟孩子通常在课堂上记录的那些作业,并且效仿老师在课堂上布置作业的方式(在黑板上写出来、口头布置、发在网上,等等)。此外,一定要给孩子"附赠"几个难题,比如既布置当晚的作业,又安排长时作业,同时不要十分明确地指出这些作业。还可以假装下课铃即将打响而催促孩子快点记录。

布置了"每天"的作业后，你要检查孩子记录的情况。此时要十分注重细节。假如今天是周一，你说某项任务必须在周三上交，那么孩子有没有把它记在"考试和长时作业"那一列之中？如果你"布置了"活页练习题，孩子是不是在他当天必须带回家、第二天必须从家带到学校的学习资料中的"活页练习题"之前划√了？有没有记下所有重要的细节？每一个方框是否都做了一些标记，哪怕是"没有作业"或者划×？一直这样练习下去，直到孩子能够连续"三天"不用你提示也能百分之百准确地记录作业内容。

遗憾的是，这个固定程序中最难在家里练习的一个方面是，让孩子记得在每堂课上老师布置作业时把计划簿取出来，并且使用每日作业记录表。如果孩子的老师愿意帮助，请老师提示孩子做这些，是极为有益的。

奖励孩子使用每日作业记录表

等到你和孩子完成了每日作业记录表的练习，你们就做好准备运用家庭行为记录表了（见第5章）。记住，最好是每个下午或晚上留出一些时间来了解孩子在家庭行为记录表上挣了多少积分，并给予表扬。

我们之前讨论过，孩子在他的家庭行为记录表上总是有五个目标。一旦他已经熟练掌握了某项技能，你就可以把它从记录表上删除，补充一个新的目标。

刚开始时，使用下列五个目标，这也是在本章结尾时将介绍的熟练掌握标准一览表中列举的第一批中的五个目标（见章末表7-3）。

1. 把计划簿从学校带回家。
2. 百分之百准确地填写好每日作业记录表。
3. 老师在记录表上留下检查标记并签名，表明孩子已经正确地记录了作业内容。
4. 遵守家庭作业规则。
5. 每天晚上与父母一同检查（也就是说，每天孩子和父母一同坐下来，让父母检查和计算积分）。

我们将在这里稍稍更详细地讨论第二个目标和第三个目标。

目标

百分之百准确地填写好每日作业记录表。

孩子放学回家时，你要仔细检查当天的每日作业记录表。假如他想赢得 1 个积分，需要百分之百准确地记录作业，应当做到以下几点。

- 在每个方框中都填写了备注或标记，即使是"没有作业"或者划 ×。
- 把作业记录下来，并且列举所有重要的细节。
- 适当地检查了学习用品和资料清单。
- 在相应的列中记录了当晚的作业和长时作业。

只有当孩子完美地达到了这些要求中的每一条，才能获得 1 个积分。如果犯了错，哪怕是最小的错误，也意味着当天就挣不到积分了。这条原则听起来也许有些严苛，但它的背后有一个非常重要的科学基础：我们在奖励正确行为时，那些行为会越来越频繁地表现出来。如果我们为孩子完美地使用了计划簿而奖励他，那么他就会越发频繁地、尽善尽美地使用计划簿。但如果我们奖励的是孩子接近完美地使用，那么越发频繁出现的也将是这种接近完美但并不完美的行为。有时候，那些使计划簿变得不太完美的小小错误可能产生严重后果。例如，老师原本确定了孩子某天要在历史课上进行一次表演，需要穿一身特定的服装，但孩子记错了日子，那可能会使坐在第一排那个扮演亚伯拉罕·林肯的孩子一脸不高兴。也就是说，你一方面要对分数斤斤计较，另一方面又要毫不吝惜对孩子的表扬和鼓励。想了解怎样使这种反馈奏效，可以参考下页的对话。

建设性的谈话

父母：哇，不错！你今天的作业记录表看起来令人惊讶。你要么记下了作业，要么哪门课程没有作业，便在方框加记下了"没有作业"；你把所有的细节都写下来了；你检查了自己需要的所有学习用品和资料。这要花很多功夫的，但你干得很好！哦，不过，这里还是有一个小错误。

孩子：什么错误？

父母：瞧瞧"语言艺术"这门功课的这首诗。你在截止日期上标明了它是后天才交，但你把它记在了"家庭作业是什么"这一列中。它应当被记在"考试和长时作业"那一列。

孩子：我知道。我只是必须马上把它记下来，所以犯了个错。还好，其他的记录都算完美。我可以挣得积分吗？

父母：只有在百分之百准确的时候才能拿到积分，不过我知道，你一定会有这一天的。我的意思是，你看，我们只是刚刚开始，你就做得这么漂亮了，真让我惊讶！我真的想对你说，我为你感到十分自豪。能够这么快就做到接近完美的地步，已经是巨大的成功了。

除了让孩子正确填写每日作业记录表，你还要知道孩子是否准确记录了作业。监测这一行为，可能稍稍有些困难。若是有位老师（或者学校中其他的"关键人物"）愿意且能够帮助你执行整理技能训练计划，那么可以请求老师在孩子的计划簿上留下检查标记并签名，以表明孩子准确无误地记录了作业。请老师只在孩子自己正确记录了作业的时候才在每日作业记录表上留下检查标记并签名。如果孩子没能正确记录作业，请老师纠正，但不要在记录表上留下检查标记或签名。（附如果老师愿意的话，让他提醒孩子检查每日作业记录表，是再好不过的事。孩子有可能刚刚接受了许多新的任务，不一定记得住老师检查这些新增加的任务。）

> **家庭行为记录表目标**
>
> 老师在记录表上留下了检查标记并签名，表明孩子已经正确地记录了作业内容。

如果确实找不到哪位老师愿意参与整理技能训练计划，那么在使用家庭行为记录表这件事情上，还有几个选择可以作为替代目标。假如孩子就读的学校选择在网上布置家庭作业，那么你可以用这种方法来检查孩子每天记录作业的情况。若是孩子在表上记录的所有作业与网上贴出的完全一致，可以挣得 1 个积分。如果这也无法选择，那就运用手头可用的任何方法来检查孩子记录家庭作业的准确性，不管这种方法是什么（例如，和孩子同学的家长联系）。如果你不可能检查记录表的准确性，可以先奖励孩子当天使用了计划簿，并在随后的某个时间向老师核实，看他是否完成了适当的家庭作业。如果记录得不准确，那你可以请求老师更直接地每天参与进来。

现在，你已经向孩子传授了整理技能训练计划中的第一批技能，接下来，你的任务是做到耐心。在孩子还没有娴熟掌握这批中的一项技能时（参见本章结尾处的熟练掌握标准一览表），一定要让孩子继续坚持训练。只有他已经完全做到，你才可以转向下一小节。

记录长时作业

记录长时作业时存在的问题

对于难以保持整洁有序的孩子的父母来说，长时作业常常是痛苦之源。如果孩子太年幼，尚不需要完成太多的长时作业，那么重要的是你要了解，随着孩子慢慢长大，这些作业终将给孩子造成一些重大的挑战，因此，至关重要的是尽早帮助孩子获得应对长时作业的技能。我们将应对长时作业的过程分为两个部分：了解它们是什么以及学会怎样完成。我们现在就阐述第一部分，在

第 9 章中阐述第二部分。

如我们此前提到的那样，传统计划簿的一个关键问题是，当学生记录好他们要在规定日期之前完成的长时作业时（如果他们真正记录的话），这些作业似乎马上就"隐身"了，除非学生把计划簿中的纸倒装，才能经常看到这些作业。一般来讲，在任务截止日期的那个周到来之前，学生一般不会翻到那一页去，这也导致他们在截止日期到来之前不会去做任务，而是在截止日期即将到来的那一刻匆匆忙忙地临时赶做。

经过时间检验的解决方案：学习任务与考试日历

表 7-2 显示的学习任务与考试日历，就是一种简单的按月显示的日历，孩子可以在长时作业规定的完成日期上记录它们。你和孩子还可以使用这种日历，围绕长时作业的完成制订计划，这些内容将留到第 10 章阐述。不过，学习任务与考试日历的特别之处在于怎样在计划簿中摆放它。孩子打开计划簿时，总是能看到日历，这就会持续不断地提醒他，还有学习任务等着他去完成。

固定程序

首先，为当前这个月制作一份学习任务与考试日历。在表格的顶部填写这个月的月份，然后填入具体日期（以当前这个月的标准日历为指南）。现在，只要孩子在每日作业记录表"考试与长时作业"那一列中记录了一项任务，就应当把那项任务转填到学习任务与考试日历中，并且填写在它的规定完成日期上。你可以采用两种方式中的一种来这样做。

- **第一种方式**：孩子可以在填写每日作业记录表之后，立即将信息写到学习任务与考试日历之中。注意，由于上课时间的限制，通常很难做到这样。
- **第二种方式**：他可以在下午回家后打开计划簿准备做家庭作业时誊写这些信息，作为固定程序的第一个部分。

表 7-2 学习任务与考试日历

月份：_____ 规定完成日期是哪一天？查阅你的每日作业记录表

周日	周一	周二	周三	周四	周五	周六
已完成？ ☐	已完成？ ☐	已完成？ ☐	已完成？ ☐	已完成？ ☐	已完成？ ☐	已完成？ ☐
已完成？ ☐	已完成？ ☐	已完成？ ☐	已完成？ ☐	已完成？ ☐	已完成？ ☐	已完成？ ☐
已完成？ ☐	已完成？ ☐	已完成？ ☐	已完成？ ☐	已完成？ ☐	已完成？ ☐	已完成？ ☐
已完成？ ☐	已完成？ ☐	已完成？ ☐	已完成？ ☐	已完成？ ☐	已完成？ ☐	已完成？ ☐
已完成？ ☐	已完成？ ☐	已完成？ ☐	已完成？ ☐	已完成？ ☐	已完成？ ☐	已完成？ ☐

为长时间作业/考试制订计划的步骤
- ☐ 我需要采取什么步骤？
- ☐ 我需要些什么学习用品和资料？
- ☐ 每个步骤要花多长时间？
- ☐ 融合起来：把这些步骤写到你的学习任务与考试日历之中。
- ☐ 检查：是否制作得整齐和完整？

资料来源：*The Organized Child* by Richard Gallagher, Elana G. Spira, and Jennifer L. Rosenblatt. Copyright © 2018 The Guilford Press.

在这两种情况下，当孩子开始做家庭作业时，应当在学习任务与考试日历中当天的方框中标记一个大大的×。这样做的目的是表明孩子已经检查过了，看当天布置的作业是否需要记录在学习任务与考试日历之中，也表明他看过了这份日历，了解了即将到来的任务日期是什么。

练习

你和孩子可以将一些额外的每日作业记录表的练习结合起来，以训练他使用学习任务与考试日历。和孩子学习使用每日作业记录表的情况一样，给他布置新一轮任务。然后，到"每天"结束时，让孩子假装坐下来，开始做家庭作业。让他打开计划簿，将所有任务誊写到学习任务与考试日历之中（使用颜色很淡的铅笔，并且确保在孩子做完时能够擦掉假装填写的内容）。接下来，让他仔细察看这份日历，并在当前这一天标记一个×。一直这样练习下去，直到孩子以百分之百的准确率完成三次试验。

巩固成功做法

假如更多地练习使用这些表格的想法令你抓狂，甚至到了想揪自己头发的地步，那就采用你无须表达愤怒也能坚持做下去的方法吧。每天都使用每日作业记录表和学习任务与考试日历，也可能使孩子想把他的头发揪下来。这个练习的目的是，一定要让使用这些表格成为无须用脑的固定程序。有些事的确单调，但如果一而再再而三地去做，我们就可以习惯那种单调。此外，你和孩子练得越多，进步就越快。你可以额外表扬孩子坚持这些练习，还可以坦白地对他说："我知道，反反复复地做这些事，看起来可能让你感到很烦，但我谢谢你的付出。"

奖励孩子使用学习任务与考试日历

现在,是时候第一次修改你的家庭行为记录表了。对照熟练掌握标准一览表(见表7-3),将孩子最大限度娴熟掌握了的目标撤下,并且让他知道,他已经成功实现了自己的第一个目标!如果孩子在这个目标刚被撤下时又出现了倒退,可以随时把它添回家庭行为记录表上。在记录表的空白处添加一个关于运用学习任务与考试日历的新目标。这个目标要在熟练掌握标准一览表上突出展示为"新"目标。(不过请注意,在为第 8 ~ 10 章准备的熟练掌握标准一览表上,所有目标都是新目标,因此,这一行突出显示的文字不会出现。)

表 7-3　熟练掌握标准一览表
第 7 章的家庭行为记录表目标

目标	熟练掌握的标准	熟练掌握了吗
把计划簿从学校带回家	两周之内每个工作日都把计划簿带回了家	
100% 准确地填写好每日作业记录表	两周之内填写了每日作业记录表,没有任何错误	
老师在记录表上留下检查标记并签名,表明孩子已经正确地记录了作业内容	两周之内天天都请老师签名	
遵守家庭作业规则	连续两周遵守家庭作业规则	
每天晚上与父母一同检查(也就是说,每天和父母一同做下来,让父母检查和计算积分)	与父母一同检查,持续一周	
新任务:将所有的长时作业誊写到学习任务与测试日历中,并且划掉当前这一天	在两周内,无须提示,天天都将任务誊写到日历中,并且划掉当前这一天的任务	

资料来源:*The Organized Child* by Richard Gallagher, Elana G. Spira, and Jennifer L. Rosenblatt. Copyright © 2018 The Guilford Press.

家庭行为记录表上的新目标

将所有长时作业转录到学习任务与考试日历之中,并且划掉当前这一天。

要再次记住，做个注重细节的人，不过是以温暖和鼓励的方式来关注细节！

放松呼吸

继续保持耐心，慢慢来，等到孩子真正掌握了这份新的家庭行为记录表上的所有技能时，你就成功打败了"忘记了没关系"这个小捣蛋鬼！一定要向你自己和孩子表示祝贺。这些胜利，在孩子开始培育整洁技能之前，常常看起来很大，而当他们养成了整洁有序的习惯之后，看起来很小，但重要的是，一定要让孩子知道他克服了多么巨大的挑战。你可以尽情享受这一胜利带来的美好感觉，可以买四幅小小的画像，分别代表每个小捣蛋鬼。孩子熟练掌握了每章中的技能时，你和他举行一个仪式，将你刚刚打败的小捣蛋鬼驱逐出去。

> **针对年龄稍大的孩子的秘诀**
>
> 对于年龄大一些的孩子，只要完成了每个小节的任务，就可以给他颁发正式的"小捣蛋鬼征服者"证书。和孩子探讨各种点子，变得有创造性一些！

但是，当你们庆祝结束时，要迅速做好战斗准备，因为"不见了没关系"这个小捣蛋鬼在准备给你们制造麻烦……

使用熟练掌握标准一览表来追踪、观察孩子已经掌握了的目标。一旦你勾掉了孩子已经熟练掌握的第一个目标，一定要在孩子的家庭行为记录表中增加一个新目标（见第 5 章）。在孩子熟练掌握了这些目标时，一个个勾掉它们，用新的目标（也就是将长时作业誊写到学习任务与考试日历中）来替换掉孩子已熟练掌握的第一个目标。

> **巩固成功做法**
>
> 记得提醒孩子，他已经取得了怎样的成绩，对大多数孩子来说具有很大的激励作用，因此，考虑和孩子一起观察熟练掌握标准一览表：在这些表格一张张累积时，把它们装订到一起，甚至把它们全部贴在门上或墙上，以便在孩子需要激励的时候，你可以强调他取得的成绩（"瞧，你已经取得了多大的成绩"），或者只为了让他自己经过的时候能够看到。

第8章
整理学校的物品

这一章将传授的技能	将介绍的工具和固定程序
整理纸张	折叠式资料夹 "清理出去" 悬挂式资料夹
收拾书包	书包清单 储物盒和分隔空间
有效地使用储物柜 (对中学生及中学以上的学生)	储物柜架子 储物柜清单

我们正在与之战斗的小捣蛋鬼：
"不见了没关系"小捣蛋鬼

它会说："就把这件东西随便放在哪里吧。你会记得它在哪里的。"

关键的策略："让所有物品都有属于它的地方，并且每次你一用完它，就把它放回原处。"

在这一章中，我们将直接面对保持整洁有序的最大敌人——各种物品。

例如在孩子的书包里被压得皱巴巴、上面还有面包屑的纸张；孩子忘了从学校拿回家的书本，需要你在 21：00 时开车到学校去拿，还得让友好的学校看门人给你开门；孩子储物柜里有三件随意乱放的冬季外套，外套底下还放着三个月前的三明治。"不见了没关系"这个小捣蛋鬼真是无处不在，因此，你和孩子需要好几种解决方案来和它战斗，但这些方案有一个共同的基本策略：孩子要处理的每一样"东西"，应当都有一个指定存放的地方。只有在用到它时，才应该把它拿出来，而且用过之后，应当立即放回原处。我们发现，以下描述的解决方案，是你期望孩子整理的各种物品的最好的"家"。

> **巩固成功做法**
>
> 整理学校的物品，需要孩子娴熟掌握大量新的固定程序，比应对整理方面的其他任何挑战都多。在这里，尤为重要的是记住，这些程序应当一次只用一个。要记住，只有孩子已经达到了至少一个目标的熟练掌握标准（参见每章结尾处的熟练掌握标准一览表），你才能将那个目标从家庭行为记录表中删除，并在记录表中增加新的目标。

整理纸张

整理纸张存在的问题

对大多数孩子来讲，纸张是他们不得不整理的最具挑战性的物品。他们每天要收到很多纸张，纸张容易破坏或损坏，而且丢掉其中一张，就可能给孩子的成绩带来巨大影响。当孩子在试图保持纸张整洁有序时，往往面临一系列的问题。

- 对孩子来说，可能难以提前准备好他们需要的各类纸张。

- 孩子在接到纸张时，通常匆匆忙忙，没有时间把它们正确地整理好。
- 孩子可能轻易地把资料夹弄翻、搞丢或者损坏。

如果学校使用网上布置作业的方法并且让学生在网上交作业，孩子可能不会收到太多的纸张。我们将在本章稍后探讨整理这些在线资料的重要例行程序，因为在网络空间中，在线资料也和容易被乱扔乱放或者遗失不见的日常生活中的纸张一样，容易丢失。

经过时间检验的解决方案：折叠式资料夹

我们发现，孩子使用塑料做的、结实的折叠式资料夹来整理纸张时，能够取得最大的成功。找一个这样的资料夹：至少孩子的每门功课都能对应一个口袋，此外，那些需要带回家的纸张，还有一个额外的分区来保存。有些折叠式资料夹在外侧还有一个口袋，有利于孩子存放钢笔、铅笔和其他小东西。不过，别买那些用纱网做成的资料夹；我们发现这种资料夹不耐用，通常过几周就坏了。另外，你还要试着去寻找分区标签卡比放在其中的纸张高出很多的那种资料夹。假如孩子在向资料夹里放东西时难以看到标签的内容，就更容易放错位置。

折叠式资料夹

巩固成功做法

我们马上将更深入探讨如何为孩子选择合适的书包，但对那些难以整理好纸张的学生来讲，使用折叠式资料夹加上邮差包，可能是最佳解决办法。把折叠式资料夹放在邮差包中时，可以一直把资料夹打开，使得孩子能直接把纸张收进书包，无须把资料夹从书包里拿进拿出。这是简化的最佳方法：又从孩子保持整洁有序的固定程序中减少了一个步骤。

为了整理好折叠式资料夹，你要让孩子把每门功课的名字贴在分区标签上。最后一个分区标签，让他写上"给父母"的字样，专门用来存放学校发给家长的通知、同意回执以及需要家长引起重视的其他纸张。和孩子商讨，看看有没有别的纸张既不能归入到每门功课的分区中，又不是"给父母"的，如果有，就有必要创建新的分区。我们建议，不要让孩子创建贴着"其他"标签的分区，因为一旦创建了这样的分区，这个分区就会变成"大杂烩"，不管是什么，孩子都往里面放，而且很少去管它。（关于怎样和孩子一同制作有效的分区标签，参见以下"建设性的谈话"中的例子。）如果折叠式资料夹自带了一些贴纸，用来在分区标签卡上贴内容，就要把贴纸扔掉；我们发现，只要孩子开始使用折叠式资料夹，贴纸就会很快掉落。那么用什么来给分区标签卡标明内容呢？用油性记号笔直接在标签卡上写下每门功课的名称。

建设性的谈话

父母：好的，你在分区标签卡上写好了所有的科目，而且有个专门的分区是"给父母"的。你觉得我们会把资料夹中的纸张搞混吗？

孩子：我觉得不会了。

父母：让我们看看你目前正在用的资料夹，看看我们有没有忘记某些分区。

孩子：在我以前的资料夹中，有一个"美术"的分区，但我们现在的美术课，真的再也没什么纸张要保存了，因此我觉得折叠式资料夹中不再需要这个分区了。

父母：好的。现在我们再来看看你书包里那些散落的纸，瞧瞧资料夹中是不是有个地方把它们全都归整起来。它们该放到什么分区里去？

孩子：唔。我这个周带了一份食堂菜单。我不知道应该把它放到哪个分区去。也许我可以创建一个名为"告示"的分区。

和孩子一同整理学习资料时，我们喜欢给他一盒彩色的油性记号笔，让他把各门课的名称写在分区的标签上，并且为每门课选择一个喜欢的颜色。接下来，我们会花时间和他一起，使用贴纸、画笔以及其他手工用品，根据他的个人爱好来装饰学习资料。这个步骤看起来不太重要，但可以让孩子对他的整理方法感到自豪，十分有益于激励他继续保持整洁有序。

问题解决技巧

如果你需要替代的折叠式资料夹，要找什么样的

折叠式资料夹的上述这些功能，十分有益于难以整理好各类纸张的孩子。如果你决定尝试一下替代的解决办法，那就尽可能用具有以下功能的资料盒来代替。

- 所有纸张都集中在一个地方，这样的话，只要孩子拿了资料夹，就能找到他需要的纸张。
- 和单独的资料夹不同，资料盒的侧面必须是封闭的，以防纸片从中滑落出来。
- 把纸片收进资料盒的过程很快，比如说，不需要打孔、打开活页环，或者在分区中翻来翻去。

固定程序

首先让孩子决定，是在分区之前将纸张放进折叠式资料夹中的每个分区，还是在分区之后再放，一旦确定，就坚持下去。这需要一段时间来适应，因此，重要的是保持一致。接下来，告诉孩子使用折叠式资料夹的一些基本原则。

- 所有的纸张，应当在刚刚拿到后就放进它们相应的分区中。

- 只有在需要用到纸张的时候，才把它们从资料夹中取出来。
- 每次用完的时候，应当立即把纸张放回它们相应的分区。

练习

你可以让孩子将纸张从原来保存的地方转移到折叠式资料夹中，以练习使用这种新方法。让孩子把每门课的纸张拿出来，交给你，由你假装他的老师，再交给孩子。让孩子练习迅速地整理它们。此外，让孩子练习在面临时间压力的情况下快速整理，因为他们收到老师发的纸张时，通常都是放学之前。问孩子，他在学校里整理各类纸张时，到底有哪些困难，并在练习期间试着模拟那些情景。接下来帮助孩子练习把纸张（比如完成家庭作业需要的活页练习题）从资料夹中取出来，并在用完之后立即把它们放回相应的分区。

奖励孩子整理纸张

当孩子着手整理纸张时，你可以在家庭行为记录表上新增加两个目标（关于整理物品的所有新添加的目标，参见本章结尾处的熟练掌握标准一览表）。第一个目标是孩子每天放学回家时由你检查他的书包。

家庭行为记录表上的新目标

把所有纸张都保存在折叠式资料夹中正确的分区中，书包里没有散落的纸张。

为了监测这个目标的实现情况，每天傍晚孩子放学回家，你在仔细检查他的每日作业记录表之后，再检查他的书包。迅速查看他的折叠式资料夹，留意他有没有把纸片放错分区。（这时候也是查看"给父母"的分区中是不是有学校发给家长的东西的好时机。）和家庭行为记录表中的其他目标一样，在奖励孩子积分时，最好是非常严格的，同时要给予孩子鼓励，并表示理解。这意味着，即使孩子把所有纸张都有条不紊地放到了折叠式资

料夹中，而且他的书包看起来比同龄孩子的更加整洁，但是假如你在他的书包底部还是发现了一张单独的同意回执，那就不能奖给他积分。如果你对孩子挣取积分的标准十分模糊，孩子当然会想尽可能"打擦边球"。不过，你应该对他大加表扬，让他知道，你对他取得了进步感到骄傲，而且对他第二天能够挣到积分充满信心。

如果孩子学校里有位老师愿意向你反馈孩子在学校运用整理技能的情况，你还可以添加第二个新目标。

家庭行为记录表上的新目标

在上课期间正确地收好了所有纸张，获得老师的积分。

对于这一点，每次孩子的老师在课堂上给学生分发纸张时，请他观察孩子的情况，看孩子是不是把纸张放到了折叠式资料夹中。但不要请老师监测孩子有没有把纸张放到正确的分区中，因为这个要求需要老师花太多时间。如果孩子一开始需要别人提示才能想起整理纸张这项固定程序，那没关系。老师可以放学时在每日作业记录表上签字，以表明孩子把所有纸张都收进了折叠式资料夹中。

收拾书包

收拾书包存在的问题

一般来讲，只要成功解决了纸张的问题，我们就在很大程度上赢得了收拾书包"这场战斗"。对孩子来说，当所有纸张都被整整齐齐地放好了并且容易被找到时，还有两个重要的问题。

- 在放学之前确保需要带回家的所有学习用品和资料都被放到了书包里，同时，第二天上学之前，确保需要带回学校的所有东西都被放进了书包。
- 为书包里不是纸张的其他所有物品找到合适的存放位置。

我们将依次解决每个问题。首先帮助孩子记住把他需要带回家和带到学校的所有物品放进书包。

经过时间检验的解决方案：书包清单

清单是与"不见了没关系"小捣蛋鬼做斗争的好工具。我们发现，孩子收拾书包时，书包清单格外管用。我们的书包清单包括一张索引卡，把这张卡塞进透明公交卡套中，让孩子把它放在书包中。在索引卡上，我们可以制作一些检查框，列举每个孩子在收拾书包时需要记住的重要物品。接下来，我们把清单固定在书包里面。我们通常把它固定在书包靠上的位置，以便孩子不论什么时候打开书包，都能清楚地看到清单。

在制作书包清单时，和孩子一同坐下来讨论，看他觉得清单应该包含些什么。有的物品是常用的，包括课本、笔记本、计划簿、折叠式资料夹、文具盒、午餐盒、运动服、从图书馆借的书、钥匙、钱、手机、乐器、公交卡，等等。确定了书包清单中最好包含哪些物品后，给孩子一张索引卡和五颜六色的记号笔，让他根据他自己认为最合理的顺序和颜色来一一列举。清单不要太长。我们发现，大多数孩子只需六七样东西，便能满足需要了。

在孩子练习使用书包清单一段时间后，与每种物品相关

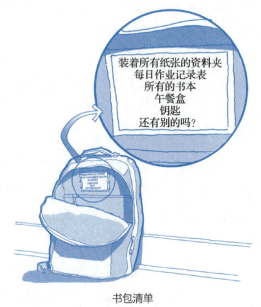

书包清单

联的颜色应当足以激起他的回忆了。有些学生发现，在书包拉链上系一个附加的、用速记符号标注的提醒物件，可能是有益的，那个提醒物件只包含针对每种物品的颜色，可以用厚纸板来制作，纸板上用各种颜色的点来与各种物品一一对应。另外，作为一种替代方案，也可以将与每种物品的颜色一致的绣花线直接系在书包的拉链上。

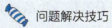 问题解决技巧

如果你需要替代的书包清单，要找什么样的

书包清单的上述这些功能，十分有益于孩子记住需要的物品。如果你决定尝试一下替代的解决办法，那就尽可能用具有以下功能的清单来代替。

- 每一种需要的物品，都以一种容易且能快速阅读的格式清晰地展示出来。
- 当孩子在收拾和取出书包中的物品时，总能一眼看到清单，同时还有一条提示，提醒孩子记得检查需要的所有物品。
- 将清单保存在结实的保护格子中，保护格子要经久耐用，能够承受与书包中其他物品的摩擦。

问题解决技巧

掌握用字母代表日期的时间表

我们发现，循环往复的、用字母代表日期的时间表，对于那些难以保持整洁有序的孩子来说是一些特别的挑战。在这种时间表上，孩子可能在不同的日期需要不同的物品（例如，只在 A 和 C 的日子里需要运动服）。孩子可以使用书包清单来掌握这些要求，比如说，在清单中标明："A 或 C 的日子→带上运动服。"如果孩子还是不明白什么字母代表哪一天，那么你可以在每个月开始时，帮助他在学习任务与考试日历中填写用字母代表的日子，然

> 后鼓励他每天晚上做完家庭作业后查看日历，看看什么字母的日子即将到来，并且使用书包清单，确保收拾好了所有需要的物品。

固定程序

当孩子收拾好书包准备放学回家，或者背起书包打算上学时，他应当逐一检查清单上的物品，看看每种物品是不是都放在了书包里。尤其是孩子第一次了解这种方法，在家里收拾书包时，你要在旁边和他一起检查，让他把每一件收好的物品大声说出来。这种做法很有帮助。坐在孩子旁边，在他说出每件物品的时候认真倾听，看他是否记得放进了书包。

练习

第一次制作好书包清单后，在孩子把东西放进和取出书包的时候，你应该坐在一旁对照清单看着他做，连续做几次。要他模拟几次使用清单的情形。例如，你可以首先让他假装是在上数学课，然后把所有需要的东西都拿出来，放在课桌上。接下来告诉他，下课铃响了，他必须把之前上课用过的东西都收进书包里。让他在对照清单收拾的时候把自己的想法大声说出来。一定要让练习涵盖孩子需要收拾书包的各种不同情形（例如，在家做完作业之后，在学校放学之前，等等）。

> **针对年龄稍大的孩子的秘诀**
>
> 对于一天内要上好几门不同课程的年龄大一些的孩子来说，收拾书包的过程具有更大的挑战性。在这种情况下，要让孩子练习在变换不同的课程时如何收拾书包和从书包里取出学习用品，还要在模拟的时候有意增加一些时间压力。孩子最容易在迅速转到下一堂课的时候忘记某些东西，因此重要的是让他事先想一想要怎样应对这种情形。

奖励孩子使用书包清单

当孩子在你面前收拾好书包时,你可以在家庭行为记录表上给他1个积分。他需要使用书包清单,并且在逐一检查每件学习用品时大声说出来。

家庭行为记录表上的新目标

在晚上收拾书包时使用书包清单。

只要孩子在需要各种学习用品和资料时能够熟练地从书包中找到它们,那么你和孩子就可以进一步优化他的整理方法,确保他能轻松地为每一样物品找到各自的存放地点。

经过时间检验的解决方案:储物盒和分隔空间

收拾好书包中的所有物品,最好的策略是简明直接地运用在本章中指引所有解决方案的这条原则:所有的物品都应该有它自己的归属地,而且在用完之后,要立即放回原处。这里的一项重要练习是使用储物盒和分隔空间来辨别孩子书包里每件物品的特定存放位置。和孩子一同坐下来,盘点他需要放进书包的所有物品,以及他书包中所有那些不同的口袋和分区。让他仔细思考一番,决定哪种物品应当放进哪里。此外,还要决定各种储物盒(比如文具盒)是否有助于他收拾。

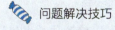
问题解决技巧

解决文具盒找不到的难题

文具盒通常是书包里最容易乱放的物品之一。如果孩子经常找不到文具盒,你可以试着用软面的笔袋,将它直接粘在书包的里面。你可以在文具盒上缝一根丝带,将丝带的另一头系在孩子的书包里,或者是用特大号的安全别针把它别在书包里。

如果孩子的书包没有足够分隔出的空间来将他需要带齐的各种物品分隔开来，你们可能发现，买个新书包也许是更好的解决办法。记下他需要在书包里分隔多少物品，并把它们的尺寸记下来，到文具店寻找满足这些需要的、具有足够多分隔空间的书包。如我们在关于纸张整理的小节中提到的那样，如果孩子觉得每次当他需要保存纸张时把折叠式资料夹从书包里拿出来又放进去确实是件麻烦事，那么邮差书包可能是个好的解决办法。把折叠式资料夹放在邮差包里，资料夹可以一直打开，这样就可以把纸张直接放进书包里，无须每次都把资料夹取出来、放进去。所有储物盒和分隔空间的一项重要功能是，它们为孩子书包中的每件物品提供了独特的、易于取出的空间。

固定程序

为高效地使用储物盒和分隔空间，孩子需要记住他为每种物品指定的分区。关键在于养成这个习惯：用完某件物品的那一刻，应当立即直接将它放回原处。在这个时刻，"不见了没关系"这个小捣蛋鬼很容易"偷偷溜进来"对孩子说"就放在那里吧；你这么忙，可以过一会儿再来收拾"，或者"把它扔在你书包里吧，反正在你回家之前要整理书包的"。和孩子谈谈这些陷阱，并问他打算如何避开。

练习

模拟上面描述过的针对书包清单的练习。这一次，着重强调让孩子把所有学习用品和资料放回它们的原位。

奖励孩子使用储物盒与分隔空间

当孩子已经准备好时，你可以修改他的书包清单目标，以包括对储物盒与分隔空间的使用。在检查孩子的书包清单时，还要记录孩子是否已经将书包里的每件物品都放到了指定的地方。

家庭行为记录表上的新目标

在晚上收拾书包时使用书包清单，并且将书包中的所有物品放进指定的储物盒和分隔空间中。

如果孩子的老师在学校帮你追踪观察孩子运用保持整洁有序的技能的情况，你可以在家庭行为记录表上增加第二个目标：评估孩子到目前为止学会的所有整理物品技能的联合作用。

> **家庭行为记录表上的新目标**
>
> 针对孩子在课堂上拿出了所有必备的纸张和学习用品，接受老师的奖励积分。

管理好需要长期保存的纸张

长期保存纸张存在的问题

你为孩子准备的使他的书包保持整洁有序的各种方法都已就位时，是时候回头再观察纸张的保存问题了。如果孩子一段时间以来很好地使用了折叠式资料夹，那么你们会不可避免地遇到一个新问题：资料夹保存纸张的能力总是有限的，这使得孩子难以将新的纸张保存下来，要是把旧纸张一直放在书包里，他背着走来走去又会太重。这是向孩子传授一系列新技能的好时机，这组新技能是：整理各种纸片，以确定哪些是必须保存的，并且为需要长期保存的纸张确定一种保存方法。

经过时间检验的解决方案：悬挂式资料夹和"清理出去"

我们建议你设置一个确定的时间，定期和孩子坐下来谈心，帮助他认真查看折叠式资料夹，并且使用我们称为"清理出去"的程序。当孩子清理折叠式资料夹时，把资料夹中的每张纸都拿出来，并且问自己几个问题，如下面的决策树所示。

对于孩子选择长期保存的纸张，我们建议使用放在桌面的悬挂式资料夹中。为孩子的折叠式资料夹中的每个分区选择一个悬挂式资料夹。此外，将悬挂式资料夹的颜色与折叠式资料夹中分区名字的颜色一一对应起来，也是有益之举。孩子可以将纸张直接从折叠式资料夹中转移到悬挂式资料夹对应的分区中。

悬挂式资料夹

🍬 问题解决技巧

除了悬挂式资料夹外，孩子还需要别的什么吗

如果你出于某种原因需要使用一种替代物来代替悬挂式资料夹，一定要确保替代物具有以下功能。

- 容易整理纸张。
- 分区与折叠式资料夹的分区完美对应，以便直接保存和拿出纸张。

固定程序

第一步是和孩子一同确定，需要多久启动一次"清理出去"的程序。这取决于孩子收到多少纸张以及收到纸张的频率。对于普通学生来说，"清理出去"可以每隔两周（最多每隔一个月）进行一次。记住，对任何一名学生来讲，尤其是那些难以保持整洁有序的学生，隔这么久才做某件事情，可能是个挑战。出于这个原因，我们建议父母在启动"清理出去"的程序时担负起责任，和孩子一同清理。在清理过程中，坐在孩子身边，检查资料夹中的每一张纸。让她仔细思考上面介绍过的决策树中的问题并应用到每张纸上，以确保是该把纸张留在折叠式资料夹中，转移到悬挂式资料夹中，还是直接扔进垃圾桶。

练习

第一次启动"清理出去"的程序时，可以作为学习这一技能的练习。让孩子在思考过程中把想法大声说出来，同时认真对照决策树来提几个至关重要的问题，可以弄清他的思考过程，或者使那些他可能没有想到的观点浮现出来。首次"清理出去"的程序完成后，你可以使用示例中的纸张来进行额外的练习。你可以把某些表格标为已经评分的，或者将它们标注日期，以便给孩子一些提示，使他决定是否应当保存下来。每天进行一次练习，连续练习一周，应该能使孩子非常熟练地运用这个程序。

奖励孩子启动"清理出去"的程序

在你和孩子一同练习"清理出去"程序的那周，你可以在家庭行为记录表上增加1个积分，用来奖励孩子和你一同参加这些练习。即使他在练习过程中犯了错，但只要参加了练习，也可以获得积分。

家庭行为记录表上的新目标

再用10张纸来练习"清理出去"。

有效地使用储物柜

（如果孩子没有储物柜，请跳过这一小节，直接阅读下一小节。）

清理储物柜时存在的问题

父母们一想到孩子储物柜里面的模样，通常就忍不住倒吸凉气：储物柜很可能堆放着许许多多一直找不到的从特百惠超市购买的储物箱，如果父母一直没发现，孩子还会把那些东西继续堆下去；当然还有几件散发着汗味的运动服，以及一些用于科技展的东西。如果孩子不反对你参与清理储物柜，那么你和孩子的主要任务是等他放学之后对柜子进行一次大扫除，这需要准备好一个大大的垃圾袋、一只用来装那些要带回家的东西的箱子，以及一些清扫工具。如果孩子不愿意让你看到他的储物柜，可以向他传授这里即将讨论的方法，并给他一些工具，让他试着自己去清扫。

经过时间检验的解决方案：储物柜架子和储物柜清单

清理储物柜的第一步是把里面的每一件物品拿出来，确定该把它们放在什么地方，什么东西要拿回家，什么东西应该扔掉。完成这个步骤后，接下来的任务是采取有条理的方法存储好应当保存在储物柜中的每一件物品。

在坚持"所有物品都有存放的地方"这个概念的过程中，我们发

储物柜架子

现，储物柜架子有利于在柜子里制造井井有条的存放空间。很多学生发现，把上午学习需要的书本放到储物柜的架子上方，把下午学习需要的书本放到架子下方，是十分有益的做法。你可以和孩子探讨哪种方法对他来说最合理。关键

是，保存在储物柜中的每一件物品，都应有一个特定的、指定的地方来存放。

做完这件事后，我们想给你们介绍一种方法，以确保孩子记得在需要的时候从储物柜里取出所有物品。为此，我们推荐使用储物柜清单，把清单贴在柜门的内侧。储物柜清单和书包清单一样，详细列举孩子需要取出的每一件物品，每次从柜中拿东西出来，都可以看到清单。普通学生可能需要一份这样的清单：列举他早晨、中午和下午必须收拾的东西。问孩子，他什么时候打开储物柜、每次打开时需要记得拿出些什么。表 8-1 介绍的储物柜清单可以用作模板。和孩子一同制作这种清单，然后让他带到学校，并给他准备一卷干净的胶带，让他把清单贴在储物柜里。如果孩子的课程每天各不相同，或者按日程安排变化，那么你可以制作一份缩微版的储物柜每日清单。

 问题解决技巧

针对那些不想让朋友看到自己的清单的孩子

如果孩子担心其他同学会看他的储物柜清单，那么建议他用卡片纸来制作清单。向孩子提议，把清单装饰一下，并且使之尽可能小。如果这种办法开始管用，要记得表扬孩子运用这种自制的清单，并把所有需要的东西都带回了家。

 问题解决技巧

在吵吵闹闹的下课时分保持专注

每节课下课之后的这段时间，教室内外可能一片吵闹，让孩子无法集中精力。在这种情况下，孩子可能难以用好储物柜清单。不过，走廊里吵吵闹闹，实际上也许是清单能帮助孩子收拾储物柜物品的原因。考虑在家里进行一些模拟练习。你和孩子可能发现，使用储物柜清单，能让孩子更快地收拾好柜子，并且使他保持足够的专注，直到成功地完成任务。

表 8-1 储物柜清单

早晨	
课程	上课要带的东西
下午	
课程	上课要带的东西
放学时	
要带回家的东西	

资料来源：*The Organized Child* by Richard Gallagher, Elana G. Spira, and Jennifer L. Rosenblatt. Copyright © 2018 The Guilford Press.

固定程序

每次孩子去查看他的储物柜时，应当做的第一件事是看看储物柜清单。和对待书包清单一样，他应当仔细察看每件物品，确保在锁上柜门之前把物品都装进了书包里。

练习

你和孩子一同在家里制作了储物柜清单之后，根据孩子实际使用储物柜的情形，模拟一些场景，练习几次如何使用这份清单。在家里，书架或者台面可以扮演储物柜的"替身"。问孩子，他通常需要花多长时间才能把在储物柜里要放的东西放好，要拿的东西拿出来，然后尽量在模拟场景中遵循这些时间限制。一定要对孩子一天中不同时段使用储物柜的情景多练习几次。

奖励孩子使用储物柜清单

由于孩子只在学校里才使用储物柜清单，因此仅仅由于使用这份清单就奖励他，有点儿难办。不过，假如他最终把自己需要的所有物品都从储物柜里放到书包里，进而带回了家，包括书本和应当从学校带回家里的其他任何物品（折叠式资料夹、外套、午餐盒，等等），你便可以奖励他。

家庭行为记录表上的新目标

回家时从储物柜中拿好了所有必需的书本、学习用品和个人物品。

放松呼吸

只要你填好了针对本章的熟练掌握标准一览表（见表 8-2），那么整理技能训练计划的执行就已经过半了。这时，你可以和孩子一同坐下来，拿出两张已经填好的熟练掌握标准一览表，查看你们到目前为止取得的进步。如果已经做好了这些，意味着你们两人完成了大量艰苦的工作。继续前进，让"不见了没关系"这个小捣蛋鬼在你读完第 7 章之后可能已经确定的仪式中"退休"。此外，这时候也是小小庆祝一下的好时机，你和孩子可以一同做些有趣的事，以表彰你们迄今为止取得的成绩。

表 8-2　熟练掌握标准一览表
第 8 章的家庭行为记录表目标

目标	熟练掌握的标准	熟练掌握了吗
把所有纸张都保存在折叠式资料夹中正确的分区中，书包里没有散落的纸张	连续两周完美地收拾纸张	
在上课期间正确地收好了所有纸张，获得老师给的积分	连续两周，每天都获得老师给的积分	
晚上收拾书包时使用书包清单	一周之内每天晚上使用书包清单，然后修改为新目标	
晚上收拾书包时使用书包清单，并且将书包中的所有物品放进指定的储物盒与分隔空间中	一周之内每天晚上使用书包清单、储物盒和分隔空间	
在课堂上课时，准备齐全了必需的纸张和文具而获得老师给的积分	连续两周，每天都获得老师给的积分	
用 10 张示例来练习"清理出去"	一周之内每天晚上练习"清理出去"	
回家时从储物柜中拿好了所有必需的书本、学习用品和个人物品	连续两周回家时带齐了所有物品	

资料来源：*The Organized Child* by Richard Gallagher, Elana G. Spira, and Jennifer L. Rosenblatt. Copyright © 2018 The Guilford Press.

第9章 作业的时间管理

这一章将传授的技能	将介绍的工具和固定程序
培养时间观念	理解时间的一课 秒表练习
为完成家庭作业安排下午的时间	个人日历 下午时间安排表
避免做家庭作业的时候分神	"准备就绪"

我们正在与之战斗的小捣蛋鬼:

"时间大盗"

它会说:"你可以过一会儿再做家庭作业。现在有更多有趣的事情可以做。"

关键的策略:"安排好你的时间,并且坚持按照时间安排表来做事。"

我们希望,到目前为止,孩子已经十分清楚他必须完成什么家庭作业,并且把完成作业需要带的学习用品和资料全都带齐了,现在只需把作业做完，那么此时是发挥时间管理作用的时候了。"时间大盗"是个特别难缠的小捣蛋鬼，因为总有些事情比做家庭作业更有趣，更能吸引孩子。我们对付这个小捣蛋鬼的进攻计划包括四个方面。

1. 对孩子强调，管理时间其实就是想方设法使学习和生活变得更有趣："如果你为自己的时间制订了明确计划，包括到什么地方去放松和开心地玩，那么在那段自由的时间里，你就可以真正放下压力，因为你知道，此刻你真的不需要做其他任何事情。"

2. 帮助孩子对时间的消失产生更好的感觉。对于有些还无法很好分辨时间的年幼孩子，我们首先要向他们传授这项技能。接下来，我们将向学生传授一些方法，使他们更加切合实际地理解时间。

3. 帮助孩子利用这种全新的理解来为每个下午制订一份时间表，并且不停地练习，直到他能坚持遵守。

4. 辨别并消除让孩子分神的事情，它们会延长他做家庭作业的时间，因而妨碍了他做自己喜欢做的事情。

培养时间观念

时间观念存在的问题

难以保持整洁有序的孩子常常也在时间观念上存在问题。有时候，孩子向你保证，他可以等一会儿再做自然作业，因为"只需五分钟时间"，最后却用了整整一个晚上，那么孩子时间观念不强的问题便一览无余。相反，孩子也可能急着要做英语作业，因为他感到这门作业需要好几个小时才能做完，但等到他坐下来开始认真做时，发现能在半个小时之内做完。如果没有足够强的时间观念，孩子就难以充分利用那些有效管理时间的各种工具。

> **巩固成功做法**
>
> 如果你和大多数父母一样，那么每当谈起孩子的时间观念问题时，你想得最多的应该是：他往往觉得有的事情只花很短的时间便能做完，但真正做起来，要花很长时间。另一种完全相反的错误时间观念同样需要引起重视，那便是：他以为某项任务要花很长时间来完成，但真正做起来，不需要那么长时间。常常是这种与现实相反的时间观念感知，导致了孩子的拖延。你在钻研关于时间管理的各种研究成果时，要找机会向孩子指出，他做起事情来，会比自己认为的更快、更高效。

经过时间检验的解决方案：理解时间的一课

这堂课尤其适合尚未学会辨认时钟的年幼孩子。由于本章中剩下的技能全都基于孩子能够辨认时钟，因此，重要的是首先使孩子能够认识时钟。如果孩子已经能够很好地辨认时间，那就跳过这一小节，转向下一项技能吧。

这是告诉孩子如何辨认时间和计算消逝时间的一堂基础课。找个时间和孩子一起，花 20 分钟专心致志上好这堂课。在你们开始之前，你需要一面模拟的时钟（指针能转动的玩具时钟，或者是其他类型能够正常使用的玩具钟），还需一个数字式的时钟，或者像下面提供的这种数字式的时间表（见表 9-1）。接下来，采取以下步骤。

表 9-1　数字时间表格

3：15	6：42	9：41	11：44	5：09
1：04	6：27	5：55	5：20	12：45
7：10	4：45	10：30	12：20	3：59
2：15	8：00	9：22	5：01	7：30
11：19	3：46	1：11	2：19	10：27
3：03	6：00	12：17	4：32	6：49

1. 在模拟的时钟上告诉孩子时针是怎样走的。向孩子演示最短的时针怎样转动，让他知道，时针每过 12 个小时又会指向同一个地方。用手拨动时针，使之依次经过钟面上的每个数字，解释每个数字代表什么时间（"当这根最短的针指向 1 时，那就是 1 点……"）。然后将时针拨动到五六个不同的时间，让孩子告诉你那代表什么时间。

2. 告诉孩子分针是怎样走的。向他解释，1 个小时有 60 分钟。假如从 12 点开始算起，时间过去 1 分钟，就是 12：01，过去 5 分钟，就是 12：05。向孩子说明，代表着一天中 12 个小时的那些数字，每两个相邻的数字之间，正好相隔 5 分钟。向孩子展示，分针每次从某个数字走到下一个数字，就会过去 5 分钟时间。让孩子按"5、10、15、20……"的方式，一直数到 60。然后向他介绍那些数字怎么代表 5 分钟、10 分钟、15 分钟，一直到 1 个小时。在钟面上移动分针，每当分针经过一个数字，告诉孩子这意味着过了多少分钟的时间。接下来，在不移动指针的前提下，在一个小时之内选定五六个时间，让孩子告诉你那代表什么时间。

3. 告诉孩子怎样将时针和分针放到一起来辨认。在钟面上展示五个不同的时间，解释这些例子中每个时间是什么。以 1：15 为例，你可以告诉孩子："这个时间，时针指向 1，意味着是 1 点，分针指向 3（你可以大声数出来，并且指向钟面上的 1、2、3 这三个数字），意味着这个小时已经过去了 5、10、15 分钟。因此，这时的时间是 1 点过了 15 分，或者 1：15。"

4. 教会孩子识别数字时钟。告诉孩子，这种时钟上的数字分别代表什么。解释这些数字怎样与普通挂钟上的小时与分钟相对应。让他练习着辨认数字时钟上的时间，要么是在真正的数字时钟上辨认，要么在类似表 9-1 这样的数字时间表格上识别。

一旦孩子既能看懂普通挂钟又能辨认数字时钟，你便能以此为基础，转向时间管理的一项关键技能：清楚地了解做某件事情要花多长时间。

经过时间检验的解决方案：秒表练习

秒表练习是帮助孩子开始培养更清晰时间观念的一种有趣而有效的方式。为进行这项练习，需要给孩子买一块价格低廉的秒表（如果孩子有智能手机的话，你可以使用手机上预先安装的秒表功能，或者下载一个秒表 App）。首先和孩子一同坐下来，向他解释，接下来的几天，你会花些时间去提高他对做哪些事情会花多长时间的感觉。让他知道这是一项难以掌握的技能，即使是大人，有时候也难以熟练掌握。而如果他能够娴熟地掌握这一技能，就相当于拥有了一个帮助他有效做好各种事情的真正强大的工具。

然后从下面的任务清单中选择一项任务，请孩子写下来，他认为这项任务需要花多长时间完成。让他自己花时间完成这项任务，看看他估计的时间与实际所花的时间是否接近。然后再选择清单中的其他任务。这时候，如果孩子估计的时间与实际所花的时间相去甚远，也不用担心，因为对孩子来说，亲眼看到实际完成这些任务的时间通常比他估计要花的时间更长或更短，是十分重要的经验。在此过程中一定要保持趣味性，并且鼓励孩子。让孩子知道，最开始的时候，大多数人在估计时间长短方面都表现得不太完美，而当孩子相当准确地估计了时间时，你可以鼓励她继续加油。

用于秒表练习的任务

- 眨眼。
- 走过家里的一个房间。
- 写下作业清单。
- 拍球 10 次。
- 读一页书。
- 把一张纸片收拾到折叠式资料夹中。

（如果你觉得有趣，可以想出你自己的任务，并继续练习下去！）

练习

上了这堂课之后，请孩子在接下来一周内继续进行秒表练习。把秒表练习活动一览表（见表 9-2）打印下来，为孩子列举练习估计时间长度时使用的各种活动。你和孩子可以每个人从这张表格中选择几项活动，也可以各自想出你们自己的活动。选择活动时，着重关注孩子难以及时完成的或者抱怨耗费太多时间的那些活动。举个例子，如果他早晨经常差点错过校车，那就让他花时间完成早晨的固定程序。或者，假若他常常抱怨没有时间给宠物狗喂食，那就让他花时间喂一次。但是，在回顾他估计时间的准确程度时，一定要避免评判的态度。对孩子说"嗯，你觉得如何"，通常比说"我早就告诉过你吧"让孩子更容易接受。

表 9-2　秒表练习活动一览表

活动	估计的时间	实际的时间
打开电脑（从你按下电源键，到屏幕上显示"欢迎"字样）		
在打印机上打一张纸		
读一页小说		
读一页课本		
走到学校		
从学校走回家		
做一份三明治		
洗澡		
穿好袜子		
围着公园/街区跑一圈		
手写三个句子		
完成一张数学活页练习题		
做好上学前的准备		
上学前吃早餐		
其他：		
其他：		
其他：		
其他：		
其他：		

资料来源：*The Organized Child* by Richard Gallagher, Elana G. Spira, and Jennifer L. Rosenblatt. Copyright © 2018 The Guilford Press.

建设性的谈话

父母：你估计穿好衣服和吃早餐要花多长时间？

孩子：10 分钟。

父母：你做这些事情实际花了多长时间？

孩子：实际花了 25 分钟，但那是因为我今天找不到自己的红色衬衫了。一般情况下，我会更快些。

父母：（有意识地不提醒孩子，他几乎每天都找不到他想穿的衣服。）哦，那么说来，你今天只比平常稍稍慢了一点点。让我们试着为明天早晨确定一下时间吧。你对正常情况下每天早晨完成这两件事情要花多长时间的最新估计是什么？

孩子：15 分钟或 20 分钟吧。

父母：好的，我们明天来检验一下。

奖励孩子练习使用秒表

在孩子练习使用秒表的那周，只要他完成了练习，你就可以在家庭行为记录表上奖给他 1 个积分。当孩子每天完成了两次估计时间的活动（一次由父母选择，一次由孩子自己选择），并且事后和你一同简单地回顾了活动时，奖给孩子 1 个积分。

家庭行为记录表上的新目标

每天完成秒表练习。

为完成家庭作业安排下午的时间

安排家庭作业时间方面存在的问题

孩子对时间的流逝产生了更好的感觉后，你就可以做好准备运用这一技能来帮助孩子更有效地为家庭作业安排时间了。对于那些难以保持整洁有序、相对缺乏条理的孩子来说，安排家庭作业的时间是项格外可怕的任务。有的孩子一想到他们必须完成的家庭作业，就会感到手足无措，以至于不让自己去想，结果等到夜深了，恐惧的感觉开始涌上心头。另一些孩子信心满满地认为自己完全心中有数，知道会在什么时候把作业做完，最后却猛然发现，做社会研究这门作业所花的时间比他们的预期长了两倍，把自然测验忘到了九霄云外，没有想起为练习小提琴留出时间。每个晚上高效地并且持续地为家庭作业安排时间，可以大大减轻孩子的压力，同时你也可以从"唠叨者"的角色中解脱出来，这非常有益于恢复家庭的和谐。

经过时间检验的解决方案：个人日历

为完成家庭作业制订计划而确立一套有效的固定程序，首先可以从计划个人日历开始。所谓个人日历，其实是张小卡片，上面列举了一周中每天的日常活动安排，以提醒孩子在安排下午的时间时应当考虑的事项。你也可以参照下页的模板来制作自己的个人日历，并将它粘在你的计划簿上。在个人日历上，孩子应当在一周中每一天的空白处写下这一天需要完成的任何事先安排好的事情，同时还应列出它们开始与结束的时间。在个人日历模板下方，展示了已填好的日历示例。让孩子看到他的个人日历，明确地提醒他，使他在为完成家庭作业制订计划时，清楚地知道应当考虑所有的时间限制。

经过时间检验的解决方案：下午时间安排表

制作好个人日历后，孩子就做好了开始使用下午时间安排表的准备。这种时间安排表，是为下午的活动做好计划的核心工具。在我们的计划簿中，它出现在第7章介绍的每日作业记录表的右侧，作为记录表的侧边栏。（如果你使用不同类型的计划簿，可以打印如第142页所示的下午时间安排表。）下午时间安排表列举了从放学后到睡觉前的时间安排，表上留出的空白位置，可供孩子填写他计划完成的家庭作业和活动。第142页下面的表是一个已填好的下午时间安排表的示例。

个人日历

周一	
周二	
周三	
周四	
周五	

资料来源：*The Organized Child* by Richard Gallagher, Elana G. Spira, and Jennifer L. Rosenblatt. Copyright © 2018 The Guilford Press.

个人日历（示例）

周一 下午3:30 踢足球	
周二	
周三 下午6:00 练小提琴	
周四 下午3:00 寻求家庭作业上的帮助	
周五	

下午时间安排表

什么事情是要做的？（检查每日作业记录表和学习任务与考试日历）

会花多长时间？

我可以将它安排在时间表中的什么时候？

在以下空白处写出你可能在什么时候留出 30 分钟来开始做家庭作业。

开始做家庭作业：提前 / 准时 / 推迟
做完家庭作业：提前 / 准时 / 推迟

资料来源：*The Organized Child* by Richard Gallagher, Elana G. Spira, and Jennifer L. Rosenblatt. Copyright © 2018 The Guilford Press.

下午时间安排表（示例）

什么事情是要做的？（检查每日作业记录表和学习任务与考试日历）

会花多长时间？

我可以将它安排在时间表中的什么时候？

在以下空白处写出你可能在什么时候留出 30 分钟来开始做家庭作业。

下午 3:30 吃零食

下午 4:00 做数学作业

下午 4:30 每日阅读

下午 5:00 短暂休息

下午 5:30 吃晚饭

下午 6:00 学习自然课程

下午 6:30 休息

开始做家庭作业：提前 / 准时 / 推迟
做完家庭作业：提前 / 准时 / 推迟

固定程序

和孩子一同商议，他应该在每个下午的什么时间坐下来制订家庭作业的计划，并且就此达成一致。我们建议，孩子要么刚一到家就制订，要么在稍事休息之后（休息的时间长短，由你和他商定并一致同意）再着手制订。如果你希望孩子在放学后稍稍放松一会儿再开始做家庭作业，这没关系，但重要的是首先制订家庭作业计划，以便他知道自己可以放松多长时间，要留出足够的时间来完成所有作业，以及做他想做的其他任何事情。

当孩子坐下来制订计划并填写下午时间安排表时，应当首先详细了解以下这些信息。

- 当天每日作业记录表上记录的家庭作业。
- 学习任务与考试日历上列举的任何长时作业（这种日历原型，见第7章，对这种日历使用方法的全面讨论，见第10章），看看有没有需要当天下午做的事情。
- 个人日历上列举的当天要做的事情。

接下来，孩子应当为他必须完成的每项任务和必须参与的每项活动估计时间，并且在时间表上将那项任务/活动的时间留出来。重要的是单独给每项任务留出时间。例如，假如他估计完成社会研究作业要花15分钟时间，那么把下午3：45～4：00这段时间留出来完成这门作业。但是，绝不能让他将家庭作业作为一个整体来安排时间，例如，估计家庭作业要花1个小时，于是将下午3：30～4：30留出来，写成"家庭作业时间"。为什么不能这样安排时间？因为"家庭作业"这项更大的任务包含了很多较小任务，孩子难以估计完成所有那些较小任务的整体时间。而且，如果他的时间估计出现了误差，就难以准确地发现到底错在哪里，也无法学会将来如何提高自己的时间计划技能。

> **巩固成功做法**
>
> 正如我们在本章开头提到的那样，对孩子们来说，重要的是了解到，时间管理不仅能帮助他们按时完成作业，还能让他们有更多时间快乐地玩耍和放松，不必总是惦记着没有做完的作业。孩子在制订下午的计划时，鼓励他留出时间做些有趣的事情。让他想一想，这个下午想做些什么，然后在做下午时间安排表时把那些事情汇入其中。

练习

让孩子在填写他的下午时间安排表时发挥主导作用。你在旁边看着他做这件事时，可以问他几个问题，以了解他的思考过程，但要注意，不要过多地发号施令。毋庸置疑，你一定会注意到，孩子最初的计划中包含一些明显不切实际的东西，但是向他传授技能的最有效方式是让他试着实施自己制订的计划，然后反思计划在哪些方面失败了。要知道，犯错误也是学习过程中具有建设性的一个部分。出于这一目的，当孩子还在学习如何制订有效的计划时，你要让他在时间表右侧的空白处标出完成每门作业或者参加每项活动的实际时间。接下来，到了晚上，你要以一种不偏不倚的态度和孩子一同仔细观察计划执行得怎么样，并问他，他认为应当做出哪些修改，以便第二天制订出更加切合实际的计划。

建设性的谈话

制订初始计划

父母：我们应当首先安排哪门作业的时间？

孩子：我的美术课堂作业。这很容易，应该只要5分钟就够了。我们的校车下午3：30到这里，因此我可以在3：30～3：35来做这门作业。

父母：（保持沉默，不让自己告诉孩子，他在美术作业上花的时间经常不止5分钟，而是会比这长很多；他还忽略了从校车车站走到家的这段时间；除此之外，即使是到家了以后，他也绝不会立即开始做作业。）好的。让我们把它写下来。接下来我们需要为哪门作业安排时间？

晚上反思计划的执行情况

父母：你的计划执行得怎样？美术作业是在什么时间做完的？

孩子：下午4：00～4：30。我忘了我要先吃点零食，而且做作业的时间也比我估计的长。

父母：好的。你观察得很仔细。这对你明天的时间安排真的会大有帮助。记住我们要在什么时候制订计划。你在这方面做得很棒，每天都考虑了什么样的计划最适合自己，很有新意，也十分重要。

奖励孩子使用下午时间安排表

使用下午时间安排表的行为，可以添加到家庭行为记录表上，如下所示。

家庭行为记录表上的新目标
制订下午的计划，在下午时间安排表上记录完成作业的实际时间。

当你和孩子一同坐下来审阅当天的计划执行情况时，可以给孩子1个积分的奖励。如果孩子拒绝每天晚上都和你一同回顾，可以将这种回顾作为奖励积分的条件。重要的是指出，这个积分（以及你的表扬）绝不能与计划的准确性挂钩。这是一个学习的过程，对孩子来说，目的是以一种有意义的方式参与这个过程，而不是让他一夜之间就培养起这一技能。

避免做家庭作业的时候分神

分神带来的问题

孩子在集中精力制定下午时间安排表时，一个事实可能突然呈现在他面前：他太渴望更多自由时间了。作为成年人，你要兼顾日常生活、养育子女、参加费时费力的整理技能训练计划（不过，这个计划令人不可思议地觉得值得参与），不太可能对孩子的境况产生充分的同理心。但是，在孩子寻找更多快乐和放松身心的时光时极力支持他，可能是十分有效的举措。孩子想为自己找到更多时间，一种方式是通过使用以上描述的方法，成为擅长安排时间的计划者；另一种方式是在你的帮助下更加高效地完成家庭作业。这意味着你要将孩子做家庭作业时最大的问题——分神解决好。

 问题解决技巧

孩子服药治疗注意缺陷多动障碍吗？

正如我们在本书开头探讨过的那样，注意缺陷多动障碍是孩子在保持整洁有序的技能上存在不足的常见原因。如果孩子被诊断患有这种障碍，而且医生开具了处方，那么你要和医生谈一谈，看孩子到底是在学校里注意力分散，还是在做家庭作业的时候无法集中注意力。服用药物主要是解决孩子注意力分散的症状，因此你可能有必要请医生对孩子进行药物治疗评估。

经过时间检验的解决方案："准备就绪"

为了解决孩子在做家庭作业时候注意力分散的问题，我们建议你采用一个被称为"准备就绪"的程序。这个程序包括以下两个步骤。

1. 让孩子仔细察看家庭作业的内容，并在开始做作业之前备齐需要的各种学习用品和资料。这避免了孩子不停起身寻找需要的学习用品和资料

（铅笔、量角器、笔记本等）时造成的分神。

2. 环顾孩子的学习空间，把不必要的、可能会给孩子造成分神的所有物品都收起来。这可能包括藏好使孩子分神的各种物品（例如小玩具、手持游戏机、手机），关闭电脑上孩子无法集中注意力的东西（例如社交媒体）。

练习

我们喜欢在游戏的背景下练习"准备就绪"这项技能。选几项有趣的任务（比如，制作花生酱和果冻三明治，或者进行一日游），然后把完成这些任务需要的装备和物品拿出来，放到孩子的书桌上或书房，再加上一些与任务无关的、有可能使孩子分神的物品（如小玩具、小摆设等）。把孩子叫到书桌旁/书房来，把之前选择的几项有趣的任务交给他一项。接下来看他能够多快地找出那项任务需要的物品，同时把其他不需要的都收起来。你还可以在孩子做家庭作业时进一步深化这种练习。在他做作业之前，帮他仔细察看作业的内容，想清楚需要哪些学习用品和资料。随后让他备齐那些学习用品，并把任何可能造成分神的东西都拿走。

奖励孩子的"准备就绪"

一旦孩子掌握了这些，你要让他在每天下午做家庭作业之前先使书房"准备就绪"。他收拾书房的时候，你可以在一旁看着，提几个问题，以了解他怎样确定自己需要些什么，以及应当把什么收起来。只要孩子参与了这个过程，便可以在家庭行为记录表上挣得1个积分。

家庭行为记录表上的新目标
在做家庭作业之前，先使书房"准备就绪"。

放松呼吸

跟前几周一样，一定要检验孩子是不是熟练掌握了表 9-3 中的内容，并在家庭行为记录表上用新的行为目标替换孩子已经熟练掌握的目标。

表 9-3　熟练掌握标准一览表
第 9 章的家庭行为记录表目标

目标	熟练掌握的标准	熟练掌握了吗
每天完成秒表练习	练习使用秒表一周	
制订下午计划，在下午时间安排表上把实际完成作业的时间写下来	持续两周制订并遵守下午计划	
在开始做家庭作业前使书房"准备就绪"	持续一周练习"准备就绪"	

资料来源：*The Organized Child* by Richard Gallagher, Elana G. Spira, and Jennifer L. Rosenblatt. Copyright © 2018 The Guilford Press.

在孩子完成这份表格中的目标时，你们就可以正式宣布征服"时间大盗"了。三个小捣蛋鬼倒下了，只剩下最后一个了。让孩子在他的时间表上留出一点点时间，让你们有机会庆祝一下！

第10章
为长时作业与考试制订计划

这一章将传授的技能	将介绍的工具和固定程序
为考试和长时作业制订计划	任务计划表 学习任务与考试日历 　（用于安排长时作业的时间） 智多星总计划
检查作业 （确保孩子很好地、整洁地、 　完整地完成了作业）	检查错误

我们正在与之战斗的小捣蛋鬼：
"不做计划没关系"小捣蛋鬼

它会说："你有大量的时间。不必现在就想着你的作业。"

关键的策略：事先制订好计划，并且制定合理的时间表。

如果说真有最后一根稻草压在骆驼的背上使之垮掉，也真有一个原因使你最终买下这本书，那么这最后一根稻草或最终的原因，很可能是孩子在长时作业或者考试方面根本没有计划，使得全家人整个晚上都为孩子的事操碎了心，倍受煎熬。在我们每个人的生活中，总有被"不做计划没关系"这个小捣蛋鬼打败的时候，但对于在保持整洁有序的技能上存在困难的孩子来说，更多的时候，拖延成了常态，而不是偶尔才出现的情形。这些孩子一想到完成大型的学习任务或者准备重要的考试，就觉得被压得喘不过气来，而会先将这些任务抛到九霄云外，直到最后一刻才不无恐慌地想起来。本章介绍的解决方案旨在防止这种直到最后一刻才匆匆着手完成学习任务或迎接考试的情况，帮助舒缓孩子的紧张压力。

如果孩子还年幼，无法接受长时作业，也无须参加考试，那么你可以在这一章夹个书签，留到以后再读。等到孩子将来第一次接手长时作业时，你再把这里介绍的各种方法传授给他。

为考试和长时作业制订计划

制订长期计划存在的问题

正如我们在本书中一直讨论的那样，大多数难以保持整洁有序的孩子有一种更喜欢短期奖励，不在乎长期回报的认知风格。这种认知风格，是类似这样的孩子在完成整理任务时出现许多问题的根本症结所在。例如，对孩子来说，若是他能把某张纸放在需要时可以随时拿到的地方，或者他的作业能得到好的分数，这些都是长期的回报。但是，孩子不太看重这种长期的回报，相反，他们更看重直接回报，比如把纸片胡乱塞进书包便能稍稍提前一点放学。你可以想象得到，当孩子不得不完成需要长时间努力完成的学习任务时，这种认知风格就带来了更大的挑战；在这种情况下，学业成绩的回报要通过未来几天甚至几周才能体现出来，而他们当前要面临各种各样短期奖励的诱惑。孩子这种要短期奖励而不顾长期回报的选择，加上不知道怎样去完成大型的学习任务或应对考试，给"不做计划没关系"这个小捣蛋鬼留下了太多制造混乱的空间。

经过时间检验的解决方案：任务计划表

我们在第 7 章中描述过，任务计划表是你和孩子在整理计划簿时要用的工具之一，它是一份简单的表格，目的在于帮助学生将大型的学习任务或考试分解成可控的步骤（见表 10-1）。以下是任务计划表的一些重要特点。

1. 表格的第一列是"需要采取些什么步骤"，要求孩子将他完成学习任务需要采取的每个步骤都列举其中。这些步骤应当细化到什么程度？对于每个步骤，孩子只需要几分钟便可以完成。同时，每个步骤还应当具体而明确：孩子应当准确知道他需要做什么，完成了那个步骤意味着什么。例如，若只说"学习第 12 章"未免太过模糊，强调"通读第 12 章，然后把所有重要词语列举出来"则是更好的选择。

2. 表格的第二列是"我需要些什么东西"，提示孩子考虑他完成每个步骤需要些什么学习用品和资料。这一列旨在保证孩子做好准备，这是因为如果他在某个下午没有制订好计划来完成某个步骤的话，就会发现自己根本没有准备好需要的学习用品和资料。此外，填写好"我需要些什么东西"这一列，有助于孩子想到他还需要在第一列中补充些什么内容。让我们假设孩子正在为一个科学展的课题做计划，写下了这个步骤："把照片贴在布告板上展示出来"。到了"我需要些什么东西"这一列，她可能会写："照片、剪刀、胶水、布告板"。于是她可能想到，她需要购买一块布告板，所以她可以把"购买布告板"添加到第一列中，作为另一个步骤。

3. 表格的最后一列是"每个步骤需要多长时间"，这给孩子运用估计时间的技能留出了空间，让他想清楚需要给每个步骤留出多少时间。和我们之前介绍的估计时间的练习一样（见第 9 章），这里的猜测起初可能并不准确。记住，要把时间估计作为学习过程的一部分来对待。当步骤完成的时间比预计时间长些或短些时，帮孩子记下来，以便他下次能够做出更加准确的估计。

表 10-1 任务计划表

任务/考试			任务/考试		
需要采取什么步骤	我需要些什么东西	每个步骤需要多长时间	需要采取什么步骤	我需要些什么东西	每个步骤需要多长时间

资料来源：*The Organized Child* by Richard Gallagher, Elana G. Spira, and Jennifer L. Rosenblatt. Copyright © 2018 The Guilford Press.

你可以想象到，下一步是使用所有这些信息，为完成长时作业或做好重要考试的准备安排时间。不过我们希望你在这里停下来，让孩子花些时间来练习和强化这些步骤，等到熟练掌握之后，再转入时间安排的环节。从整体上看，长时作业的计划过程可能十分简单，虽说如此，但它包含众多技能，这些技能对难以保持整洁有序的学生来说常常格外艰难。在这个过程上多花些时间，是迈向成功的最佳路径。

固定程序

老师布置新的长时作业或者宣布考试的那一天，应当让孩子坐下来，在任务计划表上将任务或考试复习分解成各个步骤。在孩子提高这种技能的同时，由你陪着他完成这个固定程序，对他是有帮助的。让孩子发挥主导作用，但如果你注意到他漏掉了一个步骤，或者需要重新估计时间的长度，你可以在一旁插话，提几个问题。

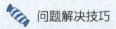 问题解决技巧

当任务计划表感觉过犹不及时的时候

当孩子能够熟练地掌握长时作业的计划后，若是把每项任务和每次考试复习都分解成这些步骤，可能会使他感到太烦琐。此时，孩子可以采用一种更简化的固定程序。他可以在内心默念，以完成任务计划表上列举的各个步骤，然后直接跳到学习任务与考试日历中为这些步骤安排时间的环节，如下所示。

练习

在引入这一技能的第一周，孩子应当至少每天为一项任务填写好任务计划表，而且最好是真正的学习任务或者实际的考试。你还可以稍微看一下孩子以前接受的任何学习任务中积压下来没有做完的事情，以及孩子当

前正在着手完成的学习任务（理应如此），同时一定要使用老师布置的新任务。尽管如此，你也不可能拥有足够多的素材为每天制订新的计划。如果不存在真正的学习任务或考试，可以让孩子为与学校无关的活动（例如即将开始的旅行、与朋友的社交活动等）制订计划，或者也可以捏造一些学习任务让孩子制订计划。

假如你使用资料夹做计划簿（参见本书附录），空白的任务计划表可以保存在孩子计划簿左边的口袋里。孩子完成了学习任务后，就不必保存已经用过的任务计划表了，可以把它们扔掉。

奖励孩子对任务制订计划

如果孩子每天下午都填写了任务计划表，可以在家庭行为记录表上奖励孩子1个积分。

家庭行为记录表上的新目标

填写一张任务计划表。

用这种表格练习一周后，孩子应当做好转向这个过程最后一步的准备了。最后一步是：花时间完成他的计划中的每个步骤。

经过时间检验的解决方案：学习任务与考试日历

为孩子手头的任务规定一组轮廓清晰的步骤之后，我们回头使用在第7章中介绍的工具：学习任务与考试日历。现在，除了规定学习任务与考试的最终截止日期之外，你和孩子还要使用日历来列举完成该任务必须经历的每一个步骤，确保在孩子计划的截止日期前完成任务。

让孩子制定自己的学习任务与考试日历，并在他面前放一张已经填好的任务计划表。然后让他选择自己列举的每个步骤的完成日期，并在选定的日期上写下那个步骤。在此过程中，同样要让他自己主导，但你可以提示他还应当考虑些什么问题。

> **巩固成功做法**
>
> 一定要让孩子用铅笔将任务填写到学习任务与考试日历中。孩子在着手这些施行程序时,有可能发现他需要比预期的时间提前完成学习任务,或者是在某一天中重新考虑他必须完成这项任务的多少内容,这样的话,用铅笔填写的内容便于更改。

建设性的谈话

父母:你的名人传记是周五交,今天是周一。你打算什么时候完成第一个步骤?

孩子:我想明天开始。我已经确定了第一个步骤——"在网上找些资料"。

父母:很好,接下来呢?

孩子:到周三时,我会完成"阅读资料并做好笔记"。哦,有点儿问题,这样一来的话,我就只有周四一天的时间来完成最后三个步骤了。那么,也许我在周三需要完成"写出初稿"的步骤。

父母:挺好的。但你要记住,周三的时候,你有个朋友会来家里玩。你觉得那天会有时间吗?

孩子:也许没时间。那我今天就开始第一步吧。

父母:好主意。那把之前的计划擦掉吧,再重新开始制订计划。

固定程序

现在,当孩子为他的长时作业或考试制订计划时,应当再在学习任务与考试日历上增加一个步骤,作为这个过程的最后一个部分。另外,制订计划也可以像上面提到的那样在内心完成,孩子可在仔细思考学习任务后再把学习任务填到日历上。

练习

和孩子一同坐下来，帮助他为学习任务制订计划，并支持他把任务誊写到学习任务与考试日历上，所有这些可能是让孩子学会高效制订计划的最有效做法。然而，和任务计划表一样，练习学习任务与考试日历也遇到同样的问题：大多数学生不会接受足够多的长时作业来为整整一周的练习提供素材。你同样可以用社交活动或个人目标的计划来替代，或者"捏造"一些假想的学习任务。本着练习的目的，让孩子为下一周每天的学习制订一个计划。

奖励孩子用学习任务与考试日历制订计划

现在，对于孩子因填写任务计划表而赢得的积分，你可以改变其用途，以奖励他运用学习任务与考试日历坚持执行自己制订的长期学习计划。

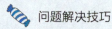
问题解决技巧

如果孩子刚开始就落后了，怎么办？

如果孩子某天没有完成已经安排好的任务，他可能在进度上落后，而且第二天难以挣到他的积分。假若这种情况发生，你要帮助他修订计划，以完成他需要补做的作业和任务。假如他在接下来几天内遵循这个调整的计划，那么还是应该在那些天里获得积分。

家庭行为记录表上的新目标

完成为今天安排的、在学习任务与考试日历上列举的长时作业 / 考试复习。

到目前为止，孩子已经积累了一大批用来管理时间和为完成作业与学习任务而制订计划的工具。你现在的任务是帮助孩子制定连贯的固

定程序，使他可以信手使用这些工具，因为它们已经融入他的日常生活之中了。

经过时间检验的解决方案：智多星总计划

智多星总计划只是一个名称，是指孩子使用所有这些短期的和长期的时间管理工具并将它们整合起来的一个固定程序。将这些工具整合起来，可以在智多星和"时间大盗"及"不做计划没关系"小捣蛋鬼战斗时，为智多星提供强大的"军火"。重要的是让孩子花时间巩固他学到的东西，而且要用一周左右的时间奖励孩子运用智多星总计划，有助于确保孩子对这些固定程序的使用变成深深铭记在心间的习惯。

固定程序

孩子每天下午在开始做作业之前，应当拿出计划簿，制作一份智多星总计划。你应该要求他完成以下这些步骤。

1.首先，观察他自己的个人日历。看看当天有没有任何已经安排好时间的任务，如果有，在下午时间安排表中给它们留出时间。

2.接着，检查每日作业记录表，看看当天有没有新的长时作业或考试。如果有，把它们的截止日期在学习任务与考试日历上写下来，然后运用任务计划表中的步骤，将任务分解成若干步骤（要么在纸上，要么在心里）。把计划完成的学习任务和考试复习的步骤在学习任务与考试日历中写下来。

3.关注每日作业记录表上列举的今天的任务，以及在学习任务与考试日历上为今天安排的长时作业的步骤。在下午时间安排表上给每项任务和每个步骤留出时间。

奖励孩子使用智多星总计划

智多星总计划的组成部分（长时作业/考试计划以及下午时间安排表）要么已经出现在孩子的家庭行为记录表目标之中，要么目前包含在以上目标之中。这些技能通常是最难学会的技能，因此对大多数孩子来说，合理的做法是在家庭行为记录表上将它们作为单独的目标列出来。不过，假若孩子已经将这些固定程序深深铭记在心，你可以让他只确立一个目标：每天下午都使用智多星总计划。

家庭行为记录表上的新目标（可选择）

使用智多星总计划。

检查错误

如果你、孩子或者你们两人都开始觉得这些新的固定程序和工具让你们力不从心，那么我们这里有个好消息：现在，你已经来到我们计划中的最后一项技能了。万一你读到这里时已经目光呆滞，正在想着"跳过这最后一项技能不学可能没什么大不了"，那么这样的想法相当于放过了这项日常事务旨在解决的问题。很多难以保持整洁有序的孩子只要解答了他们当天晚上家庭作业中的最后一道题，通常长舒一口气，太想直接跳过家庭作业的最后一个步骤：检查所有的作业、任务和物品，确保已经整洁地、准确地、完全地完成了。

经过时间检验的解决方案：检查错误

检查错误只意味着花些时间来检查作业、任务和物品，确保不会出现差错，遵循了老师和家长的指示，整洁有序并且全部完成。和孩子谈一谈，看看他在检查作业、任务和物品时应当采取哪些步骤。下页方框中列举了几种特定类型的家庭作业，并清晰指出了孩子应当注意些什么。向孩子强调，粗心大意的错误，是四个小捣蛋鬼让他陷入麻烦的最后机会。如果他可以抑制住跳过检查所有作业、任务和物品这个步骤的冲动，也就相当于采取了彻底战胜小捣蛋鬼们的所有必要措施。

怎样检查错误

检查内容：作文

- 写名字了吗？
- 有没有按照老师的所有要求写？
- 老师能看清我的字迹吗？
- 拼写有没有错误？（在中文里，有没有错别字？）
- 语法是否正确？

检查内容：一组数学题

- 写名字了吗？
- 有没有按照老师的所有要求写？
- 是否解答了所有应该解答的问题？
- 有没有验算？
- 在应该展示作业时，是不是展示了？

检查内容：一组课本上的习题

- 写名字了吗？
- 有没有按照老师的所有要求写？
- 是否解答了所有应该解答的问题？
- 有没有对照课本检查答案？
- 老师能看清我的字迹吗？
- 拼写有没有错误？（在中文里，有没有错别字？）

检查内容：活页练习题

- 写名字了吗？
- 有没有按照老师的所有要求写？
- 是否解答了所有应该解答的问题？
- 老师能看清我的字迹吗？

- 拼写有没有错误？（在中文里，有没有错别字？）

  检查内容：日记
- 有没有按照老师的所有要求写？
- 老师能看清我的字迹吗？
- 拼写有没有错误？（在中文里，有没有错别字？）
- 语法是否正确？

固定程序

在每项任务即将完成时，孩子应当用批判的眼光来审视他已经做好的步骤，确保任务完成得漂亮、有序且完整。由于孩子是第一次学会这种技能，所以他检查时你坐在一旁并让他把检查过程大声念出来，对他是有帮助的。

练习

除了在孩子检查实际的作业、任务和物品时给予帮助，你还可以采用模拟方式检查，让他了解自己可能会犯多少错误。下页方框中的内容包含一份作业的示例，其中包含了 5 处错误，让孩子努力找出来。（这 5 处错误是：①家庭作业纸上没有写下名字；②第 3 个单词 blissful 没有按字母顺序排列；③第 4 个单词 exscited 拼写不正确；④只有 11 个单词，缺少序号 5；⑤没有按要求在最喜欢的单词后面标记 *。）你也可以邀请孩子找出你做的事情中的错误，比如列出购物清单时或者填写某份表格时的错误。

奖励孩子检查错误

孩子练习检查错误时，让他一边检查每天某门功课的作业，一边把检查过程大声说出来，并因此奖励他 1 个积分。

家庭行为记录表上的新目标

练习检查错误。

作业示例

说明： 检查这位学生已经完成的家庭作业，看看你能不能找出其中的 5 处错误。

> 词汇家庭作业
>
> 姓名：_____
>
> 按字母顺序列出 12 个不同的表示"happy"的单词，要求拼写正确。做完时，在你最喜欢的单词后面标记星号（*）。
>
> 1. Cheerful
> 2. Content
> 3. Blissful
> 4. Exscited
> 6. Glad
> 7. Gleeful
> 8. Jolly
> 9. Joyful
> 10. Optimistic
> 11. Pleased
> 12. Smiling

恭喜：你和孩子都毕业了！

当孩子达到了熟练掌握的标准时，一定要在熟练掌握标准一览表（见

表10-2）上核对新的家庭行为记录表的目标。填写好了最后一张熟练掌握标准一览表后，你和孩子就正式毕业了！孩子是整洁有序的智多星，而你也是这方面的专家级教练！

表 10-2　熟练掌握标准一览表
第 10 章的家庭行为记录表目标

目标	熟练掌握的标准	熟练掌握了吗
填写一张任务计划表	连续一周，每天填写一张	
使用学习任务与考试日历，填写好为今天安排好的长时作业/考试复习	连续两周，完美地填写好	
使用智多星总计划	每天使用计划，持续一到两周	
练习检查错误	连续一周，每天练习	

资料来源：*The Organized Child* by Richard Gallagher, Elana G. Spira, and Jennifer L. Rosenblatt. Copyright © 2018 The Guilford Press.

现在，如果你和参与训练计划的大多数父母一样的话，可能在读到上面的最后两句话时依然心存疑虑。你知道，孩子还没有熟练掌握某些技能，而且在那些看起来已经熟练掌握的技能上，还会出现一些退步。没关系。要让这些技能变成习惯，需要花更多时间，而且假如我们用图表展示最耀眼的成功故事中孩子的进步情况，它绝不可能是一条径直向上的直线。成功总是伴随着高峰和低谷，只是有一种朝着进步方向发展的趋势。重要的是，你和孩子都需要知道，小捣蛋鬼们绝不会完全离开，总是会偷偷地回来，看看它们是否有故技重施的机会。持续保持整洁的学生与可能滑入旧习惯的学生之间的差别，不在于前者从不犯任何错误，而在于当小捣蛋鬼们偷偷潜回来时，成功的学生总能意识到问题，仔细检查可能忽略了的固定程序，并且着力重新制定固定程序。

那就是说，即使你和孩子还没有达到你期望的地步，你们也有理由庆祝一番，因为你们已经做了大量的工作，学会了一系列的重要技能。花时间认真想一想，你们刚刚执行这个训练计划时孩子的情况怎样，现在又到了哪一步。一定要让他意识到，你已经看到他的所有进步。然后想一种有趣的方式来和孩子一同庆祝！

/第四部分/

准备好最后的"拼图"

你可能注意到，如果孩子在完成与学习相关的任务时难以运用整理物品、管理时间和制订计划的技能，那么他在家里同样存在类似的问题。忘记作业内容的孩子，也可能难以记住他参加少年垒球联赛的日程安排，或者忘记每周理应做好的家务活。假如孩子在学校里经常丢失纸张和书本，你也许经常会听到孩子在家里问："我的（孩子喜欢的玩具／洋娃娃／电子设备）到哪儿去了？"在本书的这个部分中，我们会讨论小捣蛋鬼干扰孩子在学校之外的日常生活中的一些经典情景，并分享一些要诀和技巧，帮助孩子使智多星时刻都掌控局面。

在读这个部分中的各章时，你的个人做事方式以及整洁有序的水平，是一些要考虑的重要因素。非常年幼的孩子依赖父母管理他们的日程安排，确定收拾玩具和其他物品的方法，需要那些物品时知道它们在哪儿，以及事先制订好计划。如你可能在朋友和家人之中观察到的那样，并非所有父母都会以同样的方式完成这些任务。你们全都遇到过这样的父母（也许你就是其中的一员）：使用手机上的日历记录三个月内所有与医生的约诊时间、与孩子的朋友玩耍的约会时间、学校的活动时间、假日以及生日派对时间。还有的父母每天早晨准时把孩子送到学校；在孩子每个生日到来前三天就准备好礼物；打算和孩子逛公园时，准备好装有湿纸巾、零食、饮料、创可贴等的背包，准时带孩子到公园。但并不是每个父母都能做孩子优秀的"行政助理"，我们大部分人在这方面或多或少存在一些差距，有的是"大多数时候做得到"，有的是"几乎没什么问题"，有的则"总是落后半步"。

不论你是在担任孩子的"优秀行政助理"，还是在收拾孩子的物品方面"总是落后半步"，读一读第11章总是有益的。对于担任孩子"行政助理"的父母来说，你们的任务是着手将保持整洁有序的任务部分转交给孩子（对于那些总想操纵一切的父母来说，这一点可能尤其难以做到），只在旁边逐个步骤地指导。对于那些难以掌握孩子的课后活动、无法收拾孩子堆积如山的玩具、不能合理安排好孩子无穷无尽的各种活动的父母，我们在接下来几章中推荐的工具，将有助于你和孩子共同努力，使你们都能更加游刃有余地掌控日常要求。

对于孩子在家里需要做好的保持整洁有序的事情，我们基于一些原则（这些原则与我们在第三部分中介绍的要诀与技巧时受到启发的原则相同），介绍了一系列经过时间检验的解决方案。我们将重点介绍每一种工具或固定程序的重要特点，并告诉你如何将这种工具或程序融入整理技能训练之中的固定程序，并向你表明，通过使用第二部分中介绍的"提示－表扬－监测－奖励"的顺序，你可以怎样激励孩子运用这种工具或程序。根据孩子的特定需要，你可以先着重关注第三部分中介绍的提示和奖励孩子在学校做到整洁有序，然后着力解决这部分中阐述的如何让孩子在家里做到井井有条。假如像第 3 章中的整理物品、管理时间和制订计划问题清单展示的那样，孩子在学校和在家里保持整洁有序的行为都令你担心，而且都对他产生了同样的不良影响，那么作为一种选择，你可以将这两种环境下要求孩子保持整洁有序的任务整合到一份家庭行为记录表中。不论是哪种情况，要牢牢记住，你需要对要整合到孩子日常习惯中的某种新行为经常性地给出明确的提醒，给予"贴上标签的"表扬，并且在孩子学会了那种行为时予以奖励。

要记住，如果你想把要求孩子在家里保持整洁有序的任务与学校的任务结合起来，就需要参考第三部分中某些合适的技能指导内容，以便着力解决孩子在家里的某个特定问题。第 11 章还将指明你在哪些章节中可以找到想要的技能指导。

最后，我们想着重强调的是，在告诉孩子更加负责任地整理他的个人物品、管理时间表和承担各项责任时，你需要牢牢记住一条重要原则：忘掉你原来以为孩子应当能够做什么或者绝不能做什么的想法。你也许以为，孩子今年七岁了，应当能够不需要你的提示或帮助而自己洗澡、刷牙、准备睡觉，因为他姐姐在他这个年龄时，已经能够轻松做好这些事情了。或者，你可能不相信你家九岁的孩子能够独立收拾好他练习游泳时需要的东西，觉得他一定会忘了拿护目镜，因此坚持要为他收拾这些东西。

做出类似这种假设，是再正常不过的事情。毕竟，我们很多人在运用直觉养育孩子，根据自身的经验或者对其他父母和孩子的观察，预测哪些养育方法管用，哪些不管用。不过，我们强烈建议不要把注意力集中在孩子"应当"做什么上，而是集中在"能够"做什么上。孩子已经做过些什么？如果你稍加支持，给他更多做这件事情的机会，他可能会出现怎样的变化？若是孩子已经能够自己收拾游泳包了，每次都收好了90%他需要的物品，也许你只需和他一起列出简单的清单，就可以确保他每次都把所有东西收齐。假若孩子可以在五分钟内轻松穿好睡衣、刷好牙，但往往在洗澡时要花很长时间，你能否为他设定一个计时器，规定他只能用五分钟时间来洗澡，并且帮他更有效地完成所有的睡前准备工作？在读第11章时，你要关注孩子已经能够做些什么，并且思考可以怎样稍稍改变你的期望和为孩子准备的固定程序，以便他可以更加轻松地完成更多保持整洁有序的任务。

读完第11章，你应当做好了准备将自己已经学会的所有要诀与技巧整合到一起，帮助孩子在学校和家里变得更加整洁有序……但以防万一，我们还在第12章中概述了整洁有序的一天看起来是什么样子的。对于当你采用的积分和奖励细则给孩子带来的兴奋感渐渐消失时，我们就怎样不断激励孩子运用保持整洁有序的工具和固定程序提了一些建议。你也许不打算在孩子剩余的求学生涯中每天都奖励他收拾了书包，而且也绝不能这样！在第12章的结尾，我们将告诉你怎样减少提示次数和淡化奖励，只不过要缓慢地并且以让孩子继续着眼于保持整洁有序的方式来进行。

最后，我们会在第13章中探讨，如果你试着采用整理技能训练计划中所有的步骤，但仍然觉得孩子没什么进步，你该做些什么。假如是这种情况，你要寻求专业的帮助。我们阐述了一些值得考虑的主意和可以采取的措施，以便孩子在继续前进的道路上可以获得必要的支持。

第 11 章 在家里控制小捣蛋鬼

在第三部分中,我们描述了小捣蛋鬼(比喻那种偷偷潜进孩子大脑中干扰其保持整洁有序的淘气小动物)怎样对孩子记录作业和学习用品、有效管理时间、为学校布置的学习任务提前制订好计划等方面的能力造成影响和干扰。这些小捣蛋鬼由于对孩子在学校的学习任务造成破坏性影响而"臭名远扬",同时也能给你家里带来巨大的混乱。如果孩子难以保持整洁有序,很可能在家里也很难收好玩具和其他个人物品,无法完成固定程序,不能适当地对自己的任务提前制订出计划。我们以下介绍的要诀和技巧,将帮助你和孩子在家里很好地控制小捣蛋鬼,不给它们制造混乱的机会。

整理家里的"东西"

我们正在与之战斗的小捣蛋鬼:
"不见了没关系"小捣蛋鬼

它会说:"快点!我们必须做些别的事。把玩具丢在那儿吧,你可以晚些时候再来收拾它。"
关键的策略:让所有物品都有属于它的地方,并且每次你一用完它,就把它放回原处。
本小节介绍的策略,与第 8 章介绍的孩子整理纸张和书包中其他物品的步骤直接相关。请先仔细阅读第 8 章,找到一种整理各种物品的导向性方法。

如果你们家也和我们家一样，那么孩子每天要用的"东西"，看起来真不少。玩具、游戏用品、孩子在生日和节日收到的作为礼物的电子产品；体育装备和其他业余爱好的装备；生日派对用过的糖果袋子；牙医给的奖品，等等。这些全都以稳定的速度涌入你家，或许将你家中每一处可占用的空间都填满了。接下来，当孩子乱扔乱放这些东西时，你应该没什么可大惊小怪的了。当"不见了没关系"这个小捣蛋鬼开始瞄准孩子"最喜欢的"东西时，对所有牵涉其中的人来说，都不是一件有趣的事。让我们查看一些基本的技巧，帮助你向孩子传授如何使智多星持续不断地控制好家里的玩具和其他重要物品。运用这些技巧，可能产生两个意料之中的"副作用"：一是你家的房间变得更整洁了；二是你不必每天都和孩子唠叨，让他去整理自己的房间了。

经过时间检验的解决方案：储物盒

孩子需要你稍稍帮他一把，为他收拾玩具和其他个人物品营造秩序井然的环境。你首先要评估孩子当前在保持整洁有序方面做得怎样。他是把所有东西都放在一个地方，还是散落在整个屋子的好几处地方？你家有没有足够多的抽屉、储物盒、篮子和其他储物箱，装下孩子的东西？或者，你家是否把许多东西散乱地摆放在台面、书桌或地板上？想想如何改进当前的状况，并把我们的这条建议牢牢记在心里：保持简洁。如果有可能，孩子的所有东西应当全放在一个房间之中（最好是他自己的卧室，或者如第 8 章讨论过的那样，假如你不希望孩子卧室里有任何让他分神的东西，就把所有物品放到一间游戏室里），并且存放在明确定义的储物盒/抽屉中，或者放到规定的架子上。在盘点了孩子拥有多少东西以及哪些东西真正需要保留之后（参见以下内容），你可能需要重新思考你的物品存放计划，或者多买些存储容器。

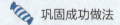 **巩固成功做法**

你可能需要检验不同的选择，看看哪种方法最适合你和孩子。但是，和

你在家里可能把类似物品收到同一个地方一样（例如，你把锅碗瓢盆放进几个橱柜里，把碟子收到另一些橱柜里，把毛巾挂在衣橱里的架子上，诸如此类），如果你为孩子确定了几个种类的物品，并且告诉孩子可以把它们分别存放到各自的箱子或柜子中，那么孩子在家里也可能变得更加整洁有序。例如，假若孩子经常玩几个小洋娃娃和其他小玩具，那么就可以把这些东西全都放到一个箱子里，以便玩耍一结束，孩子就能轻松收好它们。专门腾出一只抽屉来存放电子产品、相关的充电器、电线和其他附件。不要把许多不同种类的物品放在一个大箱子中，因为如果这样做，孩子就很难在大箱子中找到那些体积较小的东西，而且假若把所有东西都扔进一个大箱子，孩子就更难找到他需要的特定物品。若是他无法轻松找到需要的东西，也就没什么动力在用完之后把东西放进箱子了（记住，使用储物箱，目的不仅在于保持家里整洁有序，还在于告诉孩子，他可以变得井然有序，而且若是做到了这一点，还可以获得奖励）。不论什么时候，只要有可能，你就要帮助孩子为储物箱贴上标签，以便他知道每种物品该收到哪里，或者是使用透明的容器，使他一眼就能看到其中有些什么。

在确立新的存储计划之前，你应当用一种挑剔的眼光来盘点孩子拥有的"东西"。使用第 8 章说过的"清理出去"程序的修改版来帮助孩子整理物品。你要留出多长时间进行这种初次的盘点，取决于孩子到底拥有多少东西。围着屋子走几圈，清点一下孩子拥有的所有物品，然后买来三个箱子或大袋子，给它们贴上"保留""送人"和"扔掉"的字样。帮助孩子用挑剔的眼光审视每一件物品，并且鼓励他回想一下，在过去三个月里，这件物品用过多少次。如果某件物品从来没用过，或者很少使用，那么要么应将它送人（如果物品还很好用），要么应将它扔进垃圾箱（如果它再也用不了了）。假如孩子确实在用这件物品，把它放到贴有"保留"标签的箱子中。

决定了保留哪些物品后，和孩子一同确定该把某件或者某些物品保存在什么地方。重要的是让孩子参与进来，以便他使用你确定的方法。让孩子参与这个过程，还能教育他怎样确定物品的保存方法，以及怎样以一种思考周到的方式来整理物品。你可以帮助孩子考虑下面这些问题。

"我经常使用的美术用品在什么地方，应当把它们保存在什么地方？"

"如果我把这件玩具放在这只箱子里，以后能不能找到它？"

"我应当把哪些经常会玩的玩具放在容易拿到的地方？同时，哪些我不经常玩的玩具应当放到柜子里？"

当然，不论你确立了什么方法，在使用这种方法的过程中，你或者孩子可能注意到它的一些不足之处，此时也可以做出一些调整。

固定程序

收拾玩具和个人物品的固定程序，与使用储物盒和分隔空间来整理书包中物品（见第8章）的程序相似。孩子首先需要记住每件物品要保存在哪里。根据上面的建议，你可以给储物箱贴上标签或者选择透明的箱子来帮助孩子。不过，最为重要的任务是帮助孩子养成用完某件物品之后立即将其放回原处的习惯。要提醒孩子，如果不这么做，"不见了没关系"这个小捣蛋鬼会兴高采烈地建议他随手乱扔，并说这才是最方便的，从而增大了将来找不到这件物品或者把它乱放到别的地方的概率。和孩子共同探讨一下"不见了没关系"这个小捣蛋鬼可能会采用哪些方式让孩子陷入麻烦，进而找不到各种物品，然后和孩子一同想办法来控制这个小捣蛋鬼。

建设性的谈话

父母：你能想到你在家里经常找不到自己的什么东西吗？

孩子：我猜，我有时候找不到垒球手套，通常就在我需要它来练习之前找不到，让人很着急！

父母：呀，当你要花 10 分钟来找手套，教练因此惩罚你的时候，我敢打赌，这可把"不见了没关系"这个小捣蛋鬼乐坏了。让我们想一想，为什么这个小捣蛋鬼能够如此轻易地让你找不到手套。你常常把它放在什么地方？

孩子：嗯，这得看情况。有时候我在后院里找到它，有时候我把它放进车库里，有时候我把它放到垒球袋子里，和球棒及其他东西放在一起，还有些时候我就把它放在自己的房间里。还有一次，我居然在客厅的沙发底下找到了它！

父母：所以听起来你每次用完垒球手套后，没有把它放到一个固定的地方。让我们想想哪个地方最合理，然后你练习着每次都把它放到那里。这样的话，"不见了没关系"这个小捣蛋鬼就不可能让你陷入麻烦了。那么，用完手套之后，把它放在什么地方，能够让你最容易记住呢？

孩子：也许是放在我的垒球袋里。这样的话，我需要垒球手套来练习时，它总在袋子里。但我们有可能把袋子带到游戏室，等我从外面走进来时，可以把袋子放在游戏室，而不是必须走到车库才能找到垒球手套。

父母：好主意！这会让你在用完手套后更容易记得收好它。

练习

帮助孩子练习在用完某些东西后，立即将其收进选好的储物箱之中，并且多练习几次。例如，假若孩子通常忘记他的垒球手套放在哪儿（像上面的例子中那样），你可以把他带到屋外，玩一个接垒球的游戏，等游戏一结束，你们走进屋子，立即提醒他把垒球手套放进垒球包中。试着多练几次；当他记得把某些特定物品立即收拾到固定的地方时，表扬他；如果他使用了特定的储物箱并收好了自己的东西，奖励他 1 个积分。

奖励孩子使用了储物箱

当你确定了将某些特定的物品放到特定的容器中时，可以在家庭行为记录表中增加一个与这项保持整洁有序技能相关的目标。如果孩子成功地将规定的物品放到了合适的地方，可以在记录表上奖励他 1 个积分。当孩子更加熟练地掌握了这项技能，把所有个人物品都保存在合适的地方时，也可以奖励他 1 个积分。

> **家庭行为记录表上的新目标**
>
> 把规定的个人物品放到了指定的储物箱/地方。

收拾和整理背包：课外活动背包清单

> 我们正在与之战斗的小捣蛋鬼：
> "不见了没关系"小捣蛋鬼
>
> 它会说："你不必收好练习要用的东西，你妈妈会帮你收好的。"
>
> 关键的策略：运用清单确保你带齐了需要的东西。
>
> 本小节介绍的策略，与第 8 章介绍的制作书包清单的步骤直接相关。请先仔细阅读第 8 章，找到一种整理各种物品的导向性方法。

解决了孩子在家里应当把东西保存在哪里的问题后，你要考虑怎样帮助孩子将需要拿出去的东西带齐，同时也把它们全部带回家。在第 8 章中，我们介绍了书包清单工具，帮助孩子确保在书包里带齐所有需要的东西。你可以帮助孩子为其他的背包制作类似清单。首先想一想需要带上背包并在里面装齐特定物品的那些活动，比如到朋友家住、在祖父母或外祖父母家里过周末、在游泳池/海边待一天，或者参加其他课外活动（体育运动、舞蹈活动，诸如此类）。如果孩子一周下来要在不同的亲戚、朋友家里各住几天，或者参加多项课外活动，那么帮助孩子想清楚背包里一定要装上哪些必需的物品就显得尤为重要。

在制作课外活动背包清单中要遵循的步骤，与我们在第 8 章中建议的制作书包清单的步骤完全相同。问孩子活动必需的物品有哪些，和他一同制作背包中需要装的物品的清单。接下来，他要决定把清单固定在背包的什么地方，并且像你们练习使用书包清单那样来练习使用课外活动背包清单：把需要的物品摆出来，一边把物品放进包里，一边大声地核对清单。如果孩子常常难以把必需的物品收进背包里，你就要在家庭行为记录表上增加一个与使用课外活动背包清单相关的目标。

家庭行为记录表上的新目标

在收拾课外活动背包时使用清单。

管理好固定程序的时间

我们正在与之战斗的小捣蛋鬼：

"时间大盗"

它会说："放轻松些吧，别担心时间流逝。你最终会把所有事情做好的。"

关键的策略：安排好时间。

本小节介绍的策略，与第 9 章介绍的为学校的作业和学习任务安排时间的步骤直接相关。请先仔细阅读第 9 章，找到一种针对时间管理的导向性方法。

对某个难以做到整洁有序的孩子来说，时间是他扯不断、理还乱的烦恼。他需要"及时"做好准备，"按时"到校，还要花更少时间把事情做好（取决于孩子的个人风格，也可能花更多时间），所有这些都让他苦恼。如果你遵循第 9 章中的诀窍，并且一直致力于提高孩子估计时间的技能，使用秒表来计算完成任务的时间，让孩子遵守下午时间安排表，那么孩子的时间观念可能会持续提高。不过，大多数孩子没有很强的时间观念。他们可能知道时间在不停地流逝，但并不清楚从一天中的某个时刻到另一个时刻，到底流逝了多少时间。为了检验我们的理论，你可以问一个九岁的孩子，他每天什么时候到食堂吃午餐。他也许告诉你，他一游完泳就去吃中餐，或者每天排在第三批去吃午餐，但可能无法准确地告诉你，他什么时候开始吃以及什么时候吃完。同样的道理，一个七岁的孩子可能知道他每天晚上什么时候去睡觉，但也许无法告诉你，他要花多长时间才能做好上床睡觉的准备。

在第 9 章中，我们讨论了你可以怎样运用日历、时间表、时钟等工具来帮助孩子更有效地管理与学校任务相关的时间。孩子需要懂得，"时间大盗"还可能在家里以及日常生活中给他带来麻烦（例如，当他需要花一定时间做某些家务活、做好上学准备或者睡觉准备，以及准备好参加某项课外活动时，诸如此类）。在这些情况下，"时间大盗"小捣蛋鬼可能诱引孩子玩某个最喜欢的电子游戏而不是打扫鸟笼的卫生；还可能让孩子在只有五分钟的洗澡时间时被一小罐刮胡泡沫所吸引，一边洗澡一边玩刮胡泡沫，从而忘记时间；或者，让孩子相信把家庭作业留到最后一刻来完成也没关系，最后却导致他没有时间为空手道练习做好准备。帮助孩子更好地控制固定程序的第一步是，辨别"时间大盗"小捣蛋鬼可能在每一种有问题的情形中如何干扰孩子；第二步是，通过运用时间计划的策略来抵消这个小捣蛋鬼的影响。

经过时间检验的解决方案：制订好时间计划

正如你的孩子练习为家庭作业安排时间那样（见第 9 章），他也可以学会怎样更好地安排时间，以便高效地完成固定程序。首先想一想孩子在哪些固定程序上存在问题，比如是做好上学前的准备、吃完饭后收拾餐桌、打扫自己房间的卫生还是洗澡。和孩子一同把这些存在问题的固定程序列举出来，并和他探讨"时间大盗"小捣蛋鬼是怎样干扰他的。下面这个"建设性的谈话"例子证明了你可以怎样和孩子开始一场交谈，帮助你们俩想清楚某些特定的固定程序到底出了什么问题，并让你们找到解决这些问题的办法。

建设性的谈话

父母：我注意到，你一直很难在早晨7：30之前按时做好上学的准备。你也注意到了吗？

孩子：我猜是的。那太早了点，而且我太困了……

父母：我知道。我想，当你困了、累了的时候，"时间大盗"更容易使你陷入麻烦。你是不是觉得，"时间大盗"这个小捣蛋鬼使你早晨的动作慢了下来？

孩子：嗯，有时候闹钟响铃以后，我还想在床上赖几分钟，然后又睡着了，所以就慢了。此外，我累了的时候，更难以清醒地考虑问题，而且我不知道穿什么衣服。

父母："时间大盗"的那两个诡计，一定也曾让我放慢过脚步。我还注意到，因为你花了太长时间才穿好衣服，等到吃早餐时，几乎没时间了。这太典型了：当"时间大盗"放慢了我们的脚步时，它还会偷走我们的空余时间，使我们做不了想做的事情。

孩子：是的，我讨厌在校车上吃早餐。我希望早晨的准备工作更顺利些，以便我可以放松一点，不再每时每刻都那么匆忙。

父母：让我们想些办法来帮助你每天早晨控制好"时间大盗"，那样的话，你会增强时间观念，减轻心头的压力。

固定程序

当你已经辨别了哪些固定程序是有问题的，也知道"时间大盗"

将怎样干扰孩子完成这些程序时，你就可以帮助孩子运用时间安排技能来掌控各种局面。首先，辨别你想着力执行的固定程序，帮助孩子将其分解成若干个必须完成的步骤。例如，睡前程序可能由5个简单的步骤组成：洗澡、把衣服脱下并放进篮子、穿好睡衣、刷牙，以及阅读15分钟。一定要让孩子清楚地了解选择的固定程序中包含的各个步骤。如果孩子常常遗漏某些步骤，那么你就要制定一份书面的清单并把它贴在显眼的地方，以便孩子可以一边执行程序，一边看到自己的进步。例如，可以把晚上的固定程序清单贴在孩子的床头或者浴室门的背面。

> **巩固成功做法**
>
> 只要有可能，尽量为孩子简化每天的固定程序（特别是年幼的孩子）。程序中包含的步骤越多，孩子越有可能遗漏，或者需要花更长时间才能完成。比如，假若孩子早晨起床后难以做好上学的准备，那就在前一天晚上帮他选好要穿的衣服，并把衣服放在椅子上，以便第二天起床后，孩子不用再去挑选要穿的衣服。这就减少了一个步骤。只要你能为孩子从某项具有挑战性的固定程序中减少一些步骤，也就能减少几分他心头的压力，并增大他成功执行此程序的可能性。

其次，当一回孩子的"时间侦探"，让他首先估计完成整个固定程序需要多长时间，然后在几天时间里一直使用秒表，以记录完成这项程序到底花了多长时间。这有助于你更好地估计实际用时，也知道制定什么样的初始目标最切合实际。例如，假若孩子要花20～45分钟才能做好睡前准备（包括洗澡、穿好睡衣、刷牙、准备好第二天的衣服），而你认为最好是在20分钟内完成这些程序，那么，首先以30分钟为目标。接下来，随着孩子能够越来越快地完成，你可以调整目标（慢慢地调整为 25 分钟，然后再调整为 20 分钟）。记住，当你尝试采用一项新的固定程序时，要为孩子的成功奠定基础，那样的话，他更有可能坚持下去。

你还要和孩子稍稍探讨一下，"时间大盗"可能怎样干扰固定程序的执行。比如，你可能注意到孩子洗澡要用很长时间，因为他往往在沐浴的时候想很多事情。问孩子，他是否注意到了这种趋势，要求他缩短洗澡的时间，减少"时间大盗"的干扰。然后想些办法让孩子避免在洗澡时想太多事情，并继续掌握他洗澡的用时情况。例如，你可以向孩子建议，在走进浴室之前，先设定 5 分钟的计时器（重要的是买个带有大显示屏的计时器，以便孩子可以看到上面的数字；另一种替代的工具是防水的浴室时钟，可以挂在浴室的墙上）。或者，你可以建议孩子向你寻求帮助，当时间只剩下两分钟时，请你帮着提醒他。

最后，帮助孩子掌握完成固定程序会花多长时间，也让孩子了解什么时候可以把固定程序融入时间表中。如果孩子已经用惯了个人日历（见第 9 章），他应当熟悉这个步骤。合理的做法是，综合考虑一天之中许多重要事情的时间（通常的闹钟响铃时间、孩子每天离开家去上学的时间、放学后到家的时间、课外活动、家庭作业时间，诸如此类），设置一个时间期限，在此期间做固定的事情。在固定程序中加入具体步骤（见表 11-1），对于安排日常生活的时间极有帮助。使用这一表格，孩子可以将固定程序融入时间表中，然后记录每天完成这些程序到底花了多长时间（使用秒表或时钟来计算）。提醒孩子将程序分解，并在时间表上每隔 15 分钟就写下必须完成的实际步骤：正如为家庭作业制订计划那样，为固定程序中的每个步骤制订计划，比简单地写下最终目标能够更有效地管理时间。假如最终的完成时间超过了预期，你可以在表格上记录下来，接下来和孩子讨论，"时间大盗"怎样偷走了时间。

表 11-1 在固定程序中加入具体步骤

早晨	放学后
6：00	**3：00**
6：15	3：15
6：30	3：30
6：45	3：45
7：00	**4：00**
7：15	4：15
7：30	4：30
7：45	4：45
8：00	**5：00**
8：15	5：15
8：30	5：30
8：45	5：45
9：00	**6：00**
	6：15
	6：30
	6：45
	7：00
	7：15
	7：30
	7：45
	8：00
	8：15
	8：30
	8：45
	9：00
	9：15
	9：30
	9：45
	10：00

你按时完成了吗？_____是的_____没有

完成整个固定程序多花了多长时间？_____

资料来源：*The Organized Child* by Richard Gallagher, Elana G. Spira, and Jennifer L. Rosenblatt. Copyright © 2018 The Guilford Press.

奖励孩子为固定程序安排时间

正如你在本书第三部分中了解的如何奖励孩子的行为,随着孩子成功做到那些行为的能力不断增强,你应当调整家庭行为记录表上用于奖励积分的标准。当你和孩子第一次着手为固定程序安排时间时,假若孩子为某个选择的固定程序填写好了表 11-1,你便可以奖励孩子。当孩子越来越习惯使用这份表格时,你可以调整家庭行为记录表上的目标,要求孩子按时完成规定的固定程序。

家庭行为记录表上的新目标

为规定的固定程序填写好了表 11-1。

家庭行为记录表上的新目标

按时(插入目标,例如"做好上学前的准备")。

为个人目标安排时间

我们正在与之战斗的小捣蛋鬼:
"不做计划没关系"小捣蛋鬼

它会说:"你不必为任何事情事先做计划。车到山前必有路。"
关键的策略:做计划。
本小节介绍的策略,与第 10 章介绍的为长时作业与考试制订计划的步骤直接相关。请先仔细阅读第 10 章,找到一种针对任务计划的导向性的方法。

在第 10 章中，我们讨论了孩子在为长时作业与考试适当制订计划时需要遵循的基本步骤。我们谈了你可以怎样帮助孩子将大型任务分解成若干个小步骤，辨别完成每个步骤所需的物品，将这些步骤融入时间安排表中，然后检查"最终产品"的整洁性与完整性。这些制订计划的相同的步骤有助于孩子在生活中的其他方面更好地制订计划，做到有条理。当孩子熟练掌握了在学校中制订计划的各个步骤后，你要开始向孩子提建议，让他把同样的计划方法也用到生活中的其他各个方面。

我们很少要求孩子（特别是那些难以保持整洁有序的孩子）积极主动地为活动制订计划。在通常情况下，这些活动的计划由父母来制订。父母常常为生日派对购买所有物品；给家里储备足够多的零食，便于孩子和朋友一同到家里狂欢；记录课后活动和游泳比赛选拔赛的截止日期；确保孩子为大型活动做好准备。然而，当孩子还小的时候，你向孩子传授的为活动制订计划的技能越多，孩子也就越能够理解计划与步骤的重要性，这些是成功制订计划的基础。

经过时间检验的解决方案：家庭任务计划表

第 10 章已经将任务计划表作为帮助孩子将大型学习任务或考试分解成可掌控步骤的一种方法来加以介绍。表 11-2 给出了任务计划表的另一个版本，可以用来帮助孩子为家庭中的大型任务制订计划。在孩子为某个即将到来的活动或者个人任务做计划时，鼓励孩子取出家庭任务计划表，或者至少大声地把这份表格中的步骤按先后顺序念出来（列举各个步骤、辨别需要的物品、估计每个步骤需要花多长时间）。起初，你可能需要帮助孩子辨别哪些任务要制订计划，然后和孩子一同探讨，这些任务可以分解成哪些步骤，并把步骤写在家庭任务计划表上。在你持续不断地鼓励和孩子自己不停地练习下，他应当开始更加自然地练习计划的步骤。

表 11-2　家庭任务计划表

什么任务		
需要采取些什么步骤	我需要些什么东西	每个步骤需要多长时间

资料来源：*The Organized Child* by Richard Gallagher, Elana G. Spira, and Jennifer L. Rosenblatt. Copyright © 2018 The Guilford Press.

奖励孩子对任务制订计划

当你们第一次着手为个人任务制订计划时，如果孩子在家庭任务计划表中把计划的步骤写下来了，那么你要奖励他。当孩子越来越习惯计划的步骤时，你可以调整家庭行为记录表上的目标，虽然不用再写在家庭任务计划表上，但要让孩子把他对这些计划步骤的考虑说出来。

家庭行为记录表上的新目标
使用家庭任务计划表为个人任务制订计划。

家庭行为记录表上的新目标
探讨为个人任务制订计划时的各个步骤。

转向下一章

我们已经用这一章来指导你和孩子解决家里出现的常见整理问题，尽管如此，孩子可能会在其他背景和局面中经历过一些相关的挑战。将以上讨论的各种工具整合起来，你将能帮助孩子在多个不同场合中战胜小捣蛋鬼。只要问你自己几个关键问题：哪个小捣蛋鬼在这里给孩子下套儿？它使用了什么诡计？我们用来战胜这个小捣蛋鬼的策略是什么？接下来，你们就应当能够提出一些有创造性的解决方案了。

在第 12 章中，我们将为你把这些工具整合起来。我们将第 8～10 章（针对与学校相关的固定程序）和第 11 章（针对家庭的固定程序）中的要诀与技巧综合起来，概括了在一天之中保持井然有序应当有哪些步骤。

第 12 章
让保持整洁有序的技能成为日常生活的一部分

到目前为止,孩子已经变成学习整洁有序、生活有条理的小神童了,可以轻松应对日常生活中所有的挑战。他成了制作清单、整理纸张、安排时间的小机器,绝不会忘了交家庭作业,每天都会完成长时作业中规定要完成的步骤,而且写字的时候不会"丢三落四",这个字母少写一笔,那个单词落个字母。你也经常给予孩子提示、监测和表扬,没有哪一天忘记了执行家庭行为记录表上的任务,并且在孩子完美地做到了整洁有序的时候,你会在一旁面带笑容地看着他。

或者,也可能不是这种情况。

尽管我们还没见过哪个孩子完美地做到整洁有序,进而从我们的整理技能训练计划中毕业,但我们确实希望,到这一刻,孩子已经做出了一些重大改变,只需继续练习,就能很好地将这些技能融入每一天的学习和生活中。在孩子继续向前迈进时,隔段时间便提醒他,他眼下正在自己的工具箱中运用什么工具,当前面临的局面可能用哪些工具会有帮助、对他很有益处。基于这种精神,同时也作为本书内容的回顾,我们将在这里介绍当你和孩子运用了我们迄今为止讨论过的所有保持整洁有序的技能时,你们一天的生活会是什么样子。

早晨
孩子

- 醒来后做好上学准备,运用早晨固定程序的时间安排技能(见第 11 章)。
- 收拾书包,使用书包清单(见第 8 章)。

- 使用每日作业记录表中"我明天需要把什么带到学校"这一列中的内容，看看前一天晚上是否收拾齐了要带到学校的其他所有物品（见第 7 章）。

父母
- 提示孩子使用这些技能中的每一种。
- 孩子使用技能时，给予表扬。
- 额外加分：制作好早晨固定程序的清单，贴在显眼位置，以提醒孩子。

在校
孩子
- 使用储物柜清单（如果适用的话，见第 8 章），看看可以把什么东西放到储物柜里，以及该把什么东西从柜子里取出去上课。
- 把物品放进储物柜保存，使用柜子里的架子（见第 8 章）。
- 运用每日作业记录表中"家庭作业是什么"这一列（见第 7 章）来记录家庭作业。
- 将学校布置的长时作业与考试誊写到"学习任务与考试日历"之中（见第 7 章）。
- 把纸张保存到折叠式资料夹中（见第 8 章）。
- 将铅笔和其他物品保存到储物盒和分隔空间中（见第 8 章）。
- 在下课时，使用储物柜清单（如果适用的话），看看下午需要些什么东西（见第 8 章）。
- 在收拾书包准备放学时，查阅书包清单（见第 8 章）和每日作业记录表中"我需要把什么带回家"这一列中的内容（见第 7 章）。

放学后：家庭作业时间

孩子

- 使书房"准备就绪"（见第9章）。
- 检查每日作业记录表中"考试和长时作业"这一项，看看有没有新的长时作业或考试（或者假如在学校没时间的话，可以现在把它们誊写下来；见第7章）。
- 为长时作业做计划，使用任务计划表（见第10章）。
- 在"学习任务与考试日历"中写下长时作业或考试的步骤（见第10章）。
- 查看每日作业记录表中"家庭作业是什么"这一列，了解当天晚上的家庭作业（见第7章）。
- 用下午时间安排表和个人日历为下午和晚上的事情做计划（见第9章）。
- 检查错误，确保工整地完成了全部作业（见第10章）。
- 使用"清理出去"决策树，并把需要保留的纸张收到悬挂式资料盒中，以长期保存（见第8章）。

父母

- 提示孩子使用这些技能中的每一种。
- 孩子使用技能时，给予表扬。
- 额外加分：在孩子做作业的地方张贴显眼的提示，提醒孩子记得家庭作业规则。

放学后：其他所有事情

孩子

- 使用课外活动背包清单（见第11章），让孩子收拾好课外活动要用的背包。

- 使用储物盒（见第 11 章），在玩耍结束后收拾玩具和游戏用品。
- 运用时间管理的技能安排傍晚的固定程序（见第 11 章）。

父母

- 提示孩子使用这些技能中的每一种。
- 孩子使用技能时，给予表扬。
- 在家庭行为记录表上为孩子运用这些技能奖励积分。
- 当孩子因在家庭行为记录表方面突出的表现而赢得了奖励时，给孩子兑现奖励。
- 检查熟练掌握标准一览表，看孩子是否熟练掌握了一些技能，以及是否有新的目标应当添加到家庭行为记录表上。
- 额外加分：为傍晚的固定程序制作一份清单，作为显眼的提醒。

帮助孩子巩固优秀的保持整洁有序的技能

通过提示、监测、表扬和奖励孩子，你便在帮助他学习重要的整理物品、管理时间和制订计划技能方面发挥了至关重要的作用。然而，孩子熟练掌握了这些技能后，要确保他不至于过度依赖你的提示和奖励，仍然能够继续自觉地运用它们。毕竟，等到将来孩子上大学，你不可能跟到他的宿舍去提醒他清理书桌，整理上课需要用的东西，或者为即将到来的考试做计划……或者到了那个年龄，你也不会因为孩子做了这些事情而奖励他！不过别担心，你可以继续激励孩子，同时使用我们称为的"缩减"和"冲淡"的程序来逐渐减少提示和奖励。缩减是指减少提示孩子的次数，而冲淡意味着减少奖励孩子的次数。

缩减：减少提示孩子的次数

对于孩子使用保持整洁有序的工具和固定程序，理想的目标应当是他不需要大人总在一旁提醒，也能自觉使用。减少提示孩子的次数，为孩子变得更加独立自主并在必要时运用保持整洁有序的技能创造了机会。这有助于孩子更快学会辨别在哪些情况下需要使用整理物品、管理时间和制订计划技能，也有助于当你不在身边时，他能运用这些技能。

但是对于如何安排缩减，不存在"唯一正确"的方式。你要怎样减少提示孩子的次数，将取决于以下三个因素。

- **你当前提醒孩子使用整理物品、管理时间和制订计划技能的频率**。如果你当前不得不经常提示孩子去注意固定程序，那就必须逐渐缩减提示的次数。
- **孩子在没人提示的时候做得如何**。如果你已经尝试减少提示的次数，孩子也表现很好，那么也许你可以较快地减少提示的次数。
- **孩子当前在保持整洁有序方面的优势与劣势**。想一想在哪些情况下你需要多提示几次才能确保孩子成功，或者可以少提示几次也能保证孩子成功；你也许可以在某些技能上少提示几次，但在另一些技能上要多提示几次。例如，孩子或许能很好地管理每天家庭作业的时间，但是对于长时作业，需要你的更多提醒。

把上述这三个因素牢记在心，你便可以开始减少（缩减）提示孩子的次数了。

1. 让孩子知道，在保持整洁有序这个方面，你将减少提示的次数，并解释为什么要这么做。

2. 和孩子讨论，让他运用整理技能并保持整洁有序，可以使用哪些有益的视觉提示或书面提示，而不是依靠你的口头提示。例如，告诉孩子可以怎样运用书包清单来作为提示，提醒他把所有需要的学习用品和资料收拾好。你也可以采用更多的视觉提示来代替口头提示，比如在孩子做家庭作业的书桌上方贴一条标语，上面写着："在开始做作业之前，别忘记了使用下午时间安排表！"

3. 你要始终了解在什么情况下可以不再提示。孩子是否运用了必需的技能？利用这些信息来决定逐步减少哪些提示以及什么时候开始减少提示。例如，若你注意到孩子没有把某些学习用品和资料装进书包，你可能必须重新来过，经常提示孩子检查是否收好了所有的东西。

4. 当孩子独立地运用整理物品、管理时间和制订计划的技能时，表扬孩子在你没有提醒时做到了这些。

冲淡：减少奖励孩子的次数

我们在第 5 章中讨论过，为什么给予具体的、即时的奖励对激励孩子运用新的保持整洁有序的技能来说如此宝贵。然而，你不可能也绝不应当永远给予孩子那样的奖励。这里介绍了一些冲淡奖励的方法。

1. 延长孩子由于整洁有序而受到奖励的时间长度。例如，即使孩子填好了每日作业记录表，交给老师签了字，并且带回了家，也不要每天都奖励他，而是要求孩子至少连续四天都做到这样，才在周末给予奖励；如果他每天都做到了这样，则在周末颁发"额外奖励"。

2. 在奖励孩子之前，让孩子多在你面前展示良好的保持整洁有序的技能。例如，孩子在做家庭作业时显示了良好的时间管理技能，不要每天都给他奖励，而是等到孩子在三个不同的时间都做到了这样才奖励。要记住，当孩子每天都对家庭作业的时间做出了井然有序的安排时，要表扬他、拥抱他，或者和他击掌庆祝。想要掌握应该在什么时候奖励孩子，你可以继续在类似每日作业记录表这样的简单图表上记录孩子的行为。这个图表还可以提醒你，当孩子使用了保持整洁有序的工具和固定程序时，要记得表扬他。

别忘了，即使是实实在在的奖励，也应当随着时间的推移而逐步淡化，但在淡化的过程中，当孩子做出了整洁有序的行为时，一定要给予表扬和社交型奖励（击掌、拥抱、点赞、拍拍后背）。你可能不记得在孩子每次使用了保持整洁有序的技能时都表扬他，但要努力做到经常这样。甚至只对孩子说几句肯定的话，比如"整整一周以来，你都把书包收拾好并把它放到门口了""你今天晚上把所有作业全都做完了，真是不可思议"，或者"这些天来，你一直在坚持使用计划簿"等，可以极大地激励孩子时刻保持整洁有序。

第 13 章
当孩子需要额外的帮助时

正如我们在本书通篇内容中说过的那样，我们绝不会期望到整理技能训练计划结束之时，孩子能够获得绝对完美的、丝毫不会出错的整洁有序的技能。不过，我们确实希望孩子能产生巨大的改变，也就是养成新的习惯，提高学业成绩，减小心理压力。我们还希望孩子的家人承受的心理压力也能大幅度减小，当然，这只是一种"副产物"。如果你努力地执行这个计划，却没有看到这样的结果，那么是时候考虑寻求额外的帮助了。一个家庭可以受益于专业帮助的常见情形包括以下这些。

1. 孩子或者你本人觉得孩子可能需要进行医学诊断。 正如下面这些更加详细的描述那样，如果孩子患有注意缺陷多动障碍（在保持整洁有序方面具有明显缺陷的孩子，最常被诊断为这种病症）或者其他复杂的诊断结果，那么应当求助于专业人士。本书中概述的各种方法，与治疗患有临床病症而导致难以保持整洁有序的孩子所采用的黄金标准方法是一致的，尽管如此，你还是应当求助于经验丰富的从业人员，他们采用这些方法时给予的指导，在更加严重和/或复杂的病例中是有保证的。此外，如果你怀疑孩子可能受到焦虑或抑郁情绪的困扰，或者由于学习上的问题导致学业落后时，应当咨询心理健康专家，确保那些重要的问题得到了解决（关于寻求帮助的更多信息，参见以下内容）。

2. 当周围人对孩子难以保持整洁有序而发出负面信号时，孩子会把这些信号牢牢记在心里，以致失去了谋求改变的动力。 太多人把孩子难于解决某个问题形容为性格缺陷，无论他们称孩子"懒惰""缺乏学生品德"，还是"粗枝大叶"，要如此多年地忍受这样的问题，实在是太难了。这是对一种真正的技能缺陷的不公平描述，不幸的是，存在这些缺陷的孩子太容易接受这种描述了，于是他们相信自己无法改变。我们发现，这在年龄大一些的孩子身上体现得尤其显著，随着时间的推移，这些负面信号已经对他们产生了不良的影响。专业人士可以帮助这些孩子更好地理解他们在保持整洁有序方面的挑战的真正本质，并和他们一同扭转这种负面的自我感知，为他们树立自信。这种自信，正是他们着手培养保持整洁有序技能所需要的。

3. 父母与孩子关系紧张。我们发现，难以保持整洁有序的孩子与父母的关系普遍紧张。正是父母的唠叨、孩子在家庭作业上的挫折，以及经常性地在前一天晚上突击完成学习任务，导致父母与孩子常常剑拔弩张。作为父母，重要的是退后一步想想，并确定这种情况（或者与你和孩子的关系完全无关的某些紧张性刺激）是否使你们太难自己完成这个训练计划。有时候，有必要引入中立的第三方来带领你们执行这个计划。

注意缺陷多动障碍的评估

如果你认为孩子可能有注意缺陷多动障碍的症状，应当请心理健康专业人士或者具有应对这类障碍经验的儿科专家对孩子进行全面评估，确定孩子是否达到了这种障碍的诊断标准。类似这样的评估，有助于专家确诊孩子当前注意缺陷多动/冲动的水平高低和大脑的受损程度，而且这至少在两种背景中进行评估。评估专家会要求你提供孩子在家表现的详尽信息，而且会从孩子的老师那里获得信息，以确定孩子在学校的表现。这种评估可能需要专家和你及孩子进行一次诊断晤谈，需要你和老师（当然，也可能还有孩子）填写评分表，此外，专家还需了解孩子详尽的心理状况历史和一般的体检间隔时间。全面评估注意缺陷多动障碍，是可选择的排除孩子注意力不集中和多动/冲动状况的关键所在，对于制订适当的治疗计划以帮助控制孩子的症状也格外重要。

如果孩子被诊断患有注意缺陷多动障碍，而且难以保持整洁有序，你的治疗师可能建议，将整理技能训练与行为治疗和／或药物治疗结合起来。但是，假如你的患有注意缺陷多动障碍的孩子对你从本书中学到并尝试着采用的各种方法不予配合和做出反应，那么经验丰富的行为治疗师也许能为你们精心组织治疗并大力支持孩子，使治疗回到正轨。当你和孩子一同执行整理技能训练的计划时，即使得到了治疗师的帮助，读一读这本书，也不算是浪费你的时间。我们之前强调过，整理技能训练需要父母积极主动地支持孩子运用保持整洁有序的技能。本书中的要诀和技巧有助于你与孩子及孩子的治疗师密切配合，以强化孩子在整洁有序方面的技能。

评估其他诊断结果

尽管注意缺陷多动障碍是与保持整洁有序的技能缺陷相关的最常见诊断结果，但其他一些临床问题也可能影响孩子在这方面的表现。有些这类问题可能在孩子进行技能训练之前就要求孩子立即集中注意力，使孩子在训练时面临更加复杂的情况。下面这些简要的描述，概括了通常伴随着注意缺陷多动障碍的常见诊断结果，也可能与保持整洁有序的技能缺陷相关。但是，如果你担心孩子可能有以下症状中的任何一种，请咨询孩子的心理健康专业人士，请他来进行评估。

如果孩子表现出显著的情绪问题，例如焦虑或抑郁，那么你应当咨询治疗师，确定在开始整理技能训练之前先解决这些问题是否更合适。多达25%的患有注意缺陷多动障碍的孩子同时患有焦虑症，这些孩子担心自己达不到使用技能的目标，使整理技能训练变得复杂。你和孩子的治疗师应当考虑，孩子过去对你采用的监测／积分细则如何反应（如果你曾用过这种方法的话），并相应地调整和修改整理技能训练方法。例如，你可能需要保证孩子挣得的积分与活动的奖励以及奖品相关，而不是只给予孩子一般的权利。否则孩子可能更加担心自己失去这些权利，而不是把注意力集中在保持整洁有序的技能上。

具有明显强迫症状的孩子也可能发现整理技能训练令自己很焦虑,但原因与患有注意缺陷多动障碍的孩子不同。当大人要求具有强迫症状的孩子遵循某些特定的固定程序时,在某些情况下,这些程序本身就有些强迫症的意味,将导致孩子的焦虑情绪增大,而不是更好地遵循程序。此外,如果孩子确实患有强迫症,那么你和孩子的治疗师则需要考虑孩子的强迫症到底在多大程度上导致了整理物品、管理时间和制订计划技能的缺陷,尤其是在管理时间上。孩子可能动作非常迟缓,很难达到时间目标,通常要赶在最后期限之前完成任务,因为他们需要执行强迫的行动来应对强迫的焦虑感。如果是这样,使用本书介绍的试图提高孩子管理时间的技能可能不会奏效,因为孩子在改变强迫行为时会体验到太多的痛苦。相反,需要解决的是潜藏在问题深处的强迫症循环○。我们已经使用整理技能训练成功地提高了患强迫症孩子保持整洁有序的技能;不过,我们建议你在咨询孩子的治疗师之后,再和孩子一同着手提高这些技能。

如果孩子存在明显的学习障碍、语言障碍,或者智力功能处在低位边缘甚至更低水平,那么我们可能要在表述方式和推进进度上对整理技能训练计划进行调整。例如,具有接受性语言障碍的孩子也许难以理解口头的解释与探讨,比如我们推荐的为引入一种新的整理技能/固定程序而开展的讨论。在这种情况下,你应当改变和调整我们的谈话方式,使之时间更短、目标更集中,并且运用孩子听得懂的话,放慢语速,以便孩子有更多时间来消化交谈的内容。对于怎样与具有接受性语言障碍的孩子有效地进行沟通,言语治疗师可以提供具体建议。

学习障碍,特别是阅读与写作障碍,在患有注意缺陷多动障碍的孩子身上十分常见,这些障碍的重叠比率为 20%～45%。如果孩子被确诊为学习障碍,需要额外的辅导或特殊教育服务,那么你要让孩子的支持团队参与进来,帮助你修改和应用本书中的计划,使之对孩子来说最为有效。孩

○ 由于强迫的焦虑感,导致采取强迫的行为,并且周而复始地循环。——译者注

子在学校中接受的服务，还可能影响他完成本书中介绍的某些保持整洁有序的固定程序。如果孩子存在数学学习障碍，可能尤其难以按我们的计划来管理时间，那么你要与辅导老师合作，在辨别时间方面给予孩子额外的辅导，在孩子记录时间的估计值时给予支持，使他精确地计算消逝的时间。

当孩子在学习方面存在涉及智力功能低于平均水平的普遍问题时，你在运用这本书中介绍的保持整洁有序的策略与方法时，可能遇到大量的挑战。如果孩子在处理速度与记忆力方面存在严重障碍，那么你和孩子进行口头描述技能和练习新的技能，可能比书中描述的要花更长时间。学习专家应当能在这方面提供最佳做法的建议，告诉你怎样修改口头表述，使孩子对固定程序的记忆得到充分利用。

对立违抗性障碍涉及孩子对父母和其他权威人士持续表达愤怒、不耐烦、争辩和反抗，这在患有注意缺陷多动障碍的孩子身上十分普遍（50%～60%）。严重的品行障碍，也就是持续表现出侵犯他人权利或违反基本社会准则的行为，出现的情况则明显少些（20%）。若是孩子在品行上存在严重问题，那么你显然要优先解决孩子的这些问题，之后再来解决保持整洁有序的技能障碍。不过，我们对患有对立违抗性障碍的孩子进行过整理技能训练，既作为研究试验的一部分，又作为普遍的临床实践。一般来讲，你需要首先考虑孩子的违抗行为出现的频率以及严重程度，然后才能决定是否要开始整理技能训练。如果孩子在家里持续地、显著地违抗（大发脾气、拒绝遵守所有的要求、动手打兄弟姐妹，等等），你应当咨询行为治疗师，先进行家长效能培训，以便管理孩子的违抗行为，之后再开始和孩子一同解决保持整洁有序的问题。由于整理技能训练计划依靠父母与孩子的合作，因此如果孩子过度违抗，而父母又不知道如何管理孩子的行为，那么计划就不可能成功执行下去。

在执行整理技能训练之前，你还应当考虑自闭症谱系障碍的症状。自闭症谱系障碍的两种常见模式可能影响整理技能训练计划的成功执行：一是刻板地采用固定程序；二是没有兴趣接受社会习俗。患有自闭症谱系障碍、刻板地采用整洁有序固定程序的孩子，可能不愿意在不同场合下改变固定程序，即使当前的程序无法成功。此外，患自闭症谱系障碍、不认同社会习俗的孩子（比如不觉得学业成功有多重要），可能不会花时间和精力学习更有效的方法来应对学校的要求。在这两种情况下，如果你不提前做好大量的工作，也许无法激励孩子改变自身行为或者让他专注于学业成功。当患有自闭症谱系障碍的孩子症状相对轻微时，我们能成功使用整理技能训练提高他们保持整洁有序的能力。如果你家孩子在这方面症状严重，极度缺乏灵活性，并且几乎毫无兴趣接受社会习俗，那么你可能需要寻求治疗师的帮助，支持孩子提升保持整洁有序的技能。

任何努力后取得的成功，都取决于精心考虑所处的背景并且愿意灵活地调整，以适合不同因素。你之所以阅读本书，是因为孩子需要帮助才能做到摆放物品整洁有序、做事有条不紊。然而，正如我们刚刚讨论的那样，在任何一种严重心理健康问题的背景下，孩子都有可能出现杂乱无章和缺乏条理的状况。你需要咨询心理健康或学习专家，争取获得更大支持，来解决孩子更严重的行为/学习问题；或者专业人士会帮助你修改整理技能训练计划，使之最符合孩子的特殊需要。

如何寻求帮助

在寻求专业人士帮助你时，应当重点关注两条标准：专业人士的资质证书，以及他接受过培训能为难以保持整洁有序的孩子提供有效治疗。在资质证书方面，寻找有执照的心理学家、精神病学家，或者专门从事儿童治疗以及在认知行为治疗方面有专业技能的社会工作者。"认知行为治疗"是个广义的术语，指的是针对产生不适应想法与行为的治疗。迄今为止在解决整理技能缺陷的临床试验中产生了效果的所有治疗法，都可以归入这个范畴。

我们这里介绍六个特定的认知行为项目，它们的背后都有强有力的证据证明，对保持整洁有序存在困难的孩子进行治疗是有效果的。这些项目列举在下面的方框中。应当注意的是，所有这些项目都单独地由患有注意缺陷多动障碍的孩子检测过。遗憾的是，据我们所知，没有人用正常孩子对这些整理技能项目进行过很好的研究。

如果你能找到在其中某个项目中培训过的专业人士，毫无疑问，他将是你求助的最佳对象。遗憾的是，这样的专业人士屈指可数。如果你居住的地方邻近与这些项目相关的某个研究中心，试着联系一下，看看它能否为你介绍离你较近的专业人士。如果没有，那最好能找一位在儿童认知行为治疗方面有深厚背景的专业人士。如果你居住在美国或加拿大，认知和行为疗法协会（Association for Cognitive and Behavioral Therapies，ABCT，网址为 www.abct.org）是寻找认知行为治疗师的好地方。

基于证据的整理技能缺陷治疗项目

整理技能训练（OST）。由纽约大学朗格尼医学中心儿童研究中心的霍华德·阿比科夫博士和理查德·加拉格尔博士研发。

- 这种治疗方法是这本书的基础。

家长与老师帮助孩子整理（Parents and Teachers Helping Kids Organize，PATHKO）。由杜克大学的卡伦·威尔斯（Karen Wells）博士、北卡罗来纳大学教堂山分校的德西蕾·穆雷（Desiree Murray）博士，以及理查德·加拉格尔博士和霍华德·阿比科夫博士研发。

- 这种治疗侧重于培训家长和老师来实行行为奖励制度，这将激励孩子提升保持整洁有序的技能。

家庭作业、整理技能以及制订计划（Homework, Organizational Skills, and Planning，HOPS）。由弗吉尼亚联邦大学的约书亚·朗贝

格（Joshua Langberg）博士研发。

- 这是以学校为基础的治疗，侧重于教授、监测和奖励孩子采用保持整洁有序的方法、管理家庭作业的方法以及管理时间的方法。

挑战性视野项目（Challenging Horizons Program，CHP）。由俄亥俄大学的史蒂芬·W. 埃文斯（Steven W. Evans）博士研发。

- 这是一个影响更广的课后项目，针对的是患有注意缺陷多动障碍的中学生遇到的学习、社交和家庭行为问题；包括使用一些专门用于提高保持整洁有序技能的模块。

儿童生活与注意力技能项目（Child Life and Attention Skills，CLAS）。由加州大学旧金山分校的琳达·费芙纳（Linda Pfiffner）博士研发。

- 这是一个由父母、孩子和老师参与的项目，专门治疗一系列对患有注意缺陷多动障碍粗心类型的儿童来说常见的广泛系列问题（包括保持整洁有序方面的问题）。

患注意缺陷多动障碍的大人认知行为疗法。由纽约大学朗格尼医学中心儿童研究中心的玛丽·索兰托（Mary V. Solanto）研发。

- 这是一个针对成年人的治疗项目，用于向他们传授整理物品、管理时间和制订计划的方法，还处理干扰自我管理的不良认知问题。它适用于大学阶段的学生。

药物治疗有帮助吗

如果你家孩子患有注意缺陷多动障碍，药物治疗也可能有利于解决他在保持整洁有序方面的困难。对大约40%的这种孩子，即使没有任何其他的干预措施，中枢神经兴奋剂也能显著提高他保持整洁有序的技能。对另一些患有注意缺陷多动障碍的孩子，增加有助于改进注意力和行为控制的药物治疗，可能使他们更容易学习和运用这些技能。其他药物治疗或许对控制焦虑情绪大有裨益，而焦虑可能使孩子更难做到整洁有序。

如果你对药物治疗"持观望态度"，可以在决定之前先咨询专业人士。大多数专业人士乐意为你安排一场咨询，以探讨药物治疗的利与弊，并回答你的问题。我们建议去找儿童精神科医生或者儿童精神药理学家。虽然许多初级护理医生会为注意缺陷多动障碍的孩子开具处方药，但是要想找到合适的药物治疗法，通常包括对多种药物和不同剂量进行多次试验，以确定哪种治疗方法最适合孩子。专家的知识与经验，将对你寻找最恰当的药物治疗方法极有帮助。

别放弃！

当你耗费了大量时间和精力来努力解决一个已经让自己倍感头疼的问题，却没有获得希望的结果时，你可能会感到失败不已，因而头脑麻木。在此过程中，你一定很想放弃，但是你必须为孩子穷尽所有选择来帮他。如果没有大人的帮助，孩子在保持整洁有序的技能上的不足往往不会奇迹般地自行好转，即使长大成人也不例外。这在几乎所有领域中都一样。我们的全部这些努力，目的是防止孩子在整洁有序技能上的缺陷影响到他展示自己所有才华与技能的能力。如果说读本书只是你着手帮助孩子提高整理技能的第一步，那么我们希望它能给你提供迈向下一步必备的知识与激励，接下来，你要持续不断地运用书中的知识与技能，直到孩子成功做到整洁有序。

附 录

制作你自己的计划簿

你可以在家里用一个资料夹为孩子制作计划簿。每隔三个月，你就需要制作一个新的计划簿，还必须每个月补充计划簿中的物品，如下所述。你还可以制作一个更大、更结实的计划簿。

每隔三个月，你需要以下这些材料：

- 1个有两个口袋的较厚资料夹。
- 75份每日作业记录表，横向打印（见第7章）。一次性将其中的25份（可用1个月）装订到资料夹中，因为这很容易放进去，然后到月末的时候再补充。
- 3张学习任务与考试日历，同样横向打印（见第7章）。在每份日历上填写月份和天数，再把它装订放到资料夹中。
- 1张个人日历卡片，用卡纸打印，并剪成固定大小。
- 10张任务计划表（见第10章）。

1. 把每日作业记录表装订到资料夹的右侧。
2. 把3张学习任务与考试日历装订在资料夹的左侧。把当前这个月的那张日历放在最上面，另外两个月的那两张放在下面。
3. 将个人日历卡片放到资料夹的口袋里，在学习任务与考试日历的下面。
4. 把任务计划表放到资料夹右侧的口袋里。

制作完成后的计划簿在打开时看起来是下面这个样子的。请在箭头所指的地方装订。

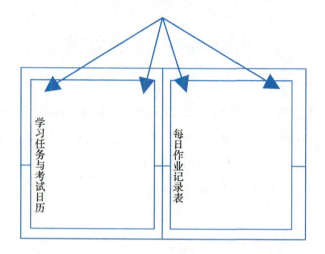

儿童期

《自驱型成长：如何科学有效地培养孩子的自律》
作者：[美] 威廉·斯蒂克斯鲁德 等　译者：叶壮

樊登读书解读，当代父母的科学教养参考书。所有父母都希望自己的孩子能够取得成功，唯有孩子的自主动机，才能使这种愿望成真

《聪明却混乱的孩子：利用"执行技能训练"提升孩子学习力和专注力》
作者：[美] 佩格·道森 等　译者：王正林

聪明却混乱的孩子缺乏一种关键能力——执行技能，它决定了孩子的学习力、专注力和行动力。通过执行技能训练计划，提升孩子的执行技能，不但可以提高他的学习成绩，还能为其青春期和成年期的独立生活打下良好基础。美国学校心理学家协会终身成就奖得主作品，促进孩子关键期大脑发育，造就聪明又专注的孩子

《有条理的孩子更成功：如何让孩子学会整理物品、管理时间和制订计划》
作者：[美] 理查德·加拉格尔　译者：王正林

管好自己的物品和时间，是孩子学业成功的重要影响因素。孩子难以保持整洁有序，并非"懒惰"或"缺乏学生品德"，而是缺乏相应的技能。本书由纽约大学三位儿童临床心理学家共同撰写，主要针对父母，帮助他们成为孩子的培训教练，向孩子传授保持整洁有序的技能

《边游戏，边成长：科学管理，让电子游戏为孩子助力》
作者：叶壮

探索电子游戏可能给孩子带来的成长红利；了解科学实用的电子游戏管理方案；解决因电子游戏引发的亲子冲突；学会选择对孩子有益的优质游戏

《超实用儿童心理学：儿童心理和行为背后的真相》
作者：托德老师

喜马拉雅爆款育儿课程精华，包含儿童语言、认知、个性、情绪、行为、社交六大模块，精益父母、老师的实操手册；3年内改变了300万个家庭对儿童心理学的认知；中南大学临床心理学博士、国内知名儿童心理专家托德老师新作

更多 >>>
　　《正念亲子游戏：让孩子更专注、更聪明、更友善的60个游戏》作者：[美] 苏珊·凯瑟·葛凌兰　译者：周玥 朱莉
　　《正念亲子游戏卡》作者：[美] 苏珊·凯瑟·葛凌兰 等　译者：周玥 朱莉
　　《女孩养育指南：心理学家给父母的12条建议》作者：[美] 凯蒂·赫尔利 等　译者：赵菁

全年龄段

《叛逆不是孩子的错：不打、不骂、不动气的温暖教养术（原书第2版）》
作者：[美] 杰弗里·伯恩斯坦 译者：陶志琼

放弃对孩子的控制，才能获得更多的掌控权；不再强迫孩子听话，孩子才会开始听你的话，樊登读书倾力推荐，十天搞定叛逆孩子

《硅谷超级家长课：教出硅谷三女杰的TRICK教养法》
作者：[美] 埃丝特·沃西基 译者：姜帆

"硅谷教母"埃丝特·沃西基养育了三个卓越的女儿，分别是YouTube的CEO、基因公司创始人和名校教授。她的秘诀就在本书中

《学会自我接纳：帮孩子超越自卑，走向自信》
作者：[美] 艾琳·肯尼迪-穆尔 译者：张海龙 郭霞 张俊林

为什么我们提高孩子自信心的方法往往适得其反？
解决孩子自卑的深层次根源问题，帮助孩子形成真正的自信；
满足孩子在联结、能力和选择三个方面的心理需求；
引导孩子摆脱不健康的自我关注状态，帮助孩子提升自我接纳水平

《去情绪化管教，帮助孩子养成高情商、有教养的大脑！》
作者：[美] 丹尼尔·J.西格尔 等 译者：吴蒙琦

无须和孩子产生冲突，也无须愤怒、哭泣和沮丧！用爱与尊重的方式让孩子守规矩，使孩子朝着成功和幸福的人生方向前进

《爱的管教：将亲子冲突变为合作的7种技巧》
作者：[美] 贝基·A.贝利 译者：温旻

美国亚马逊畅销书。只有家长先学会自律，才能成功指导孩子的行为。自我控制的七种力量和由此而生的七种管教技巧，让父母和孩子共同改变。在过去15年中，成千上万的家庭因这7种力量变得更加亲密和幸福

更多>>>
《儿童教育心理学》 作者：[奥地利] 阿尔弗雷德·阿德勒 译者：杜秀敏
《我不是坏孩子，我只是压力大：帮助孩子学会调节压力、管理情绪》 作者：[加] 斯图尔特·尚卡尔 等 译者：黄镇华
《如何让孩子爱上阅读》 作者：[澳] 梅根·戴利 译者：卫妮